Para

De

Fecha

Principios de Guerra Espiritual

Apóstol Dr. Mario H. Rivera

&

Pastora Luz Rivera

**Publicado por
LAC Publications
Derechos reservados**

© 2021 LAC Publications (Spanish Edition)
Primera Edición 2021
© 2021 Mario H. Rivera y Luz Rivera
Todos los derechos reservados.

ISBN: 978-1-735-27447-8

© Mario H. Rivera y Luz Rivera
Reservados todos los derechos

Ninguna porción ni parte de esta obra se puede reproducir, ni guardar en un sistema de almacenamiento de información, ni transmitir en ninguna forma por ningún medio (electrónico, mecánico, de fotocopias, grabación, etc.) sin el permiso previo de los editores. La única excepción es en breves citas en reseñas impresas.

Diseño de la portado: Juan Luque

Impreso en USA (Printed in USA)
Categoría: Guerra Espiritual

Índice

1 Capítulo

La Cosmogonía

- Base bíblica de La Cosmogonía
- Principios de liberación y Cosmogonía de El Señor Jesucristo
- El ministerio de liberación de El Señor Jesucristo
- Argumentos de las primeras rebeliones
- La ley divina del cosmos
- Participación reciproca
- La Cosmogonía
- ¿Por qué La Cosmogonía?
- La matriz primigenia
- La sabiduría creada
- Las primeras creaciones del vientre primigenio
- La Cosmogonía de los seres celestiales y el reino de los cielos
- Las familias de los cielos

- Misterio de los seres vivientes
- Angelología
- La etimología de Cosmogonía
- La Cosmogonía hebrea
- La razón divina de la esencia derivada
- La esencia derivada: La Kenosis de Cristo
- La rebelión de las creaciones
- Las separaciones de la esencia
- La plenitud de la cosmogonía

2 Capítulo

La Cosmovisión

- La etimología de Cosmovisión
- Los 3 ayones o edades
- La Cosmovisión de Cristo y la entrada de Satanás al mundo
- Las 5 cosmovisiones acerca de Satanás
- La Cosmovisión en el judaísmo
- La Cosmovisión en el cristianismo
- La Cosmovisión en el islamismo
- La Cosmovisión en el hinduismo
- La Cosmovisión en el budismo
- Las 3 estructuras más activas dentro

de la Cosmovisión de la guerra espiritual
- El mundo de los espíritus
- La Cosmovisión y rebeliones de los ángeles
- ¿Qué hacen los ángeles caídos?
- El discernimiento de los ángeles
- La Cosmovisión y origen de los demonios
- ¿Qué hacen los demonios?
- El discernimiento de los demonios
- Etimología de la palabra demonio
- Opresión demoniaca
- La Cosmovisión y surgimiento de los espíritus inmundos
- Espíritus inmundos
- Características del mundo espiritual negativo

3 Capítulo

La Demonología 101

- La demonología 101
- Tres razones de la demonología

- La etimología de la demonología
- La estructura del mundo espiritual
- Los 4 niveles de la estructura principal de Satanás
- Principados
- Gobernadores
- Autoridades
- Huestes

4 Capítulo

La Esfera de La Demonología 101

- Espíritus meta-físicos
- Espíritus receptores
- Dinámica de la comunicación de los espíritus
- La contaminación con receptores
- Espíritus emisores
- Espíritu generacional
- Espíritus vectores
- Los vectores
- ¿Qué puede funcionar como vector?
- Espíritus íncubos y súcubos
- El ataque de los espíritu íncubos y

súcubos
- El mundo espiritual de los nahuales
- La razón de la posesión de animales
- Las cunas arcaicas de los nahuales
- Transformaciones nahuales
- Característica del nahualismo
- Los grupos de nahuales
- Los principios para la efectividad

5 Capítulo

Introducción al Sistema Espiritual

- La estructura del mundo espiritual
- Sistemas del mundo espiritual
- Concepto de un sistema
- El proceso de una dimensión espiritual
- La atmósfera espiritual
- ¿Qué es un ciclo?
- Los ciclos de las atmósferas espirituales

6 Capítulo

La Atmósfera Espiritual

- El proceso que forma una dimensión
- Las atmósferas espirituales
- Los ciclos de las atmósferas espirituales
- Los hijos de Israel volvieron a hacer lo malo
- Los ciclos de Israel haciendo lo malo
- ¿En qué consistían los ciclos?
- Entendiendo los ciclos
- El síndrome de las batallas crónicas
- Las diferencias de las batallas
- Definiendo las batallas cíclicas
- Cambiadores de atmósferas espirituales
- Transformadores de atmósferas negativas

7 Capítulo

El Clima y La Fortaleza Espiritual

- Clima espiritual
- Ejemplos de enfermedades climáticas
- Fortaleza espiritual
- Diferentes clases de fortalezas
- Los efectos de fortalezas mentales
- El espíritu de la fortaleza

- El método de ataque de Satanás
- El método llamado fortaleza
- Los 5 puntos de una fortaleza

INTRODUCCIÓN

Referirme al evangelio del Señor Jesucristo debe ser un tema práctico por cuanto no existe más que una opción para tu vida, un sólo camino que es el Hijo de Dios, el Señor Jesucristo; de tal manera que bajo ningún punto de vista pretendo presentar este libro con información compleja sino que, debes saber cuál ha sido desde siempre el propósito de Dios a tu vida y que una vez lo tengas claro, puedas caminar basado en Sus instrucciones, de aquí entonces puedo explicarte como parte de lo práctico que es este libro, el hecho que uno de los temas que encontrarás es **LA COSMOGONÍA**, de la cual en palabras muy claras y concisas puedo decirte que, es el poder comprender que cuando te desarrollas en los propósitos originales de Dios, alcanzas a cumplir la razón de tu existencia, en caso contrario todo cambia, desde las intenciones, hasta llegar a usurpar posiciones a las que no fuiste llamado a ocupar.

Por esa razón es que Satanás y su séquito de servidores pasaron a formar parte de los enemigos de Dios y tuyos, sencillamente porque dejaron de cumplir el propósito original por el cual fueron creados; por eso mismo debo insistir en lo práctico que es el estudio de todo lo que encontrarás en este libro, aunque en los seminarios teológicos no contemplen este tipo de estudios, no por eso significa que no existan y que no sean prácticos a tu vida; en realidad el adversario es quien complicó su propia existencia al oponerse al plan de Dios y pretender que, habiendo sido de las primeras creaciones de Dios, podría ser como El, eso implicaba cambiar todo el plan que debía desarrollar lo cual debió ser complejo.

De aquí podrás comprender entonces que si tienes concebido en tu corazón la cosmogonía de tu vida, podrás asimilar lo que se conoce como **LA COSMOVISIÓN**, porque es la manera de ver e interpretar lo que sucede a tu alrededor; si sabes cuál es el plan de Dios a tu vida, cuál es el propósito que debes desarrollar, eso mismo te ayudará a comprender el por qué de las cosas que suceden a tu alrededor.

Una de las cosas que podrás ver es cómo fue que, una de las primeras creaciones de Dios, conocida como el vientre primigenio, la sabiduría, no logró asimilar la cosmogonía ni la cosmovisión y que de alguna forma esa falta de comprensión la llevó a pretender independizarse y creer que podía formar su propio reino igual al de Dios; por supuesto que el hecho de no asimilar su propósito dentro de toda la creación, la llevó al hecho de convencer a otras creaciones que fueron las primeras que Dios permitió que fueran dadas a luz a través del vientre primigenio y que con la mala interpretación de aquella entidad, lograra terminar de desviar sus corazones para entonces conformar lo que se conoce como la rebelión luciferina y que se diera paso entonces a otro de los temas centrales de este libro titulado como **DEMONOLOGÍA 101**, donde aprenderás acerca de la estructura que formaron una vez que dieron paso a su rebelión.

El hambre de poder y autoridad en el mundo no nació entre las naciones, sino que, es parte de lo que la organización del reino de las tinieblas tiene como emblema principal, pero es también parte de lo que se estudia en esta sección con el propósito de tener la capacidad de reconocer la forma en la que operan las tinieblas y así entonces poder desenmascararlas así como poder explicar su naturaleza, funciones y jerarquías de lo cual también verás que, siendo una estructura de tinieblas, desarrollaron un [5]**SISTEMA ESPIRITUAL** de tinieblas conformado por 6 facetas: [1]**ATMÓSFERAS**, [2]**CLIMAS**, [3]**FORTALEZAS**, [4]**CULTURAS** hasta llegar a la [6]**DIMENSIÓN ESPIRITUAL** de las tinieblas, donde es Satanás el que puede decidir qué hacer con la vida que ha logrado llevar a ese nivel para manipularla de acuerdo a sus propósitos, los cuales son totalmente antagónicos a los planes de Dios.

En este libro encontrarás información que ha sido producto de muchos años de estudio que Dios me ha permitido desarrollar, para hoy exponer en este libro y que así tengas la oportunidad de ser parte del ejército intégritas de Dios.

Apóstol Mario Rivera

La Cosmogonía

CAPÍTULO 1

Empezaré diciendo que este libro es producto de la escuela de guerra espiritual que Dios me movió juntamente con mi esposa, a que impartiéramos de gracia lo que de gracia hemos recibido, aunque comprendo que de pronto alguien puede señalarnos pensando que pretendemos saberlo todo en lo que a guerra espiritual se refiere y que es esa la razón de la existencia, tanto de este libro como de la escuela de guerra espiritual; pero la realidad es que no es así, Dios es infinito en todo sentido, de tal manera que aunque estés estudiando por muchos años determinada área en teología, nunca podrás abarcar todo ese universo.

Recuerda que Jesús dijo: ...**Hasta ahora mi Padre trabaja, y yo también trabajo.** Para el momento cuando Dios Hijo estuvo en la Tierra cumpliendo con el plan de salvación, estaba trabajando de acuerdo a lo que Dios Padre lo envió a trabajar, pero El también está trabajando, el lugar donde Dios Padre habita, está trabajando; eso me deja ver entonces que constantemente tienes algo nuevo qué aprender de Dios en todas las facetas que puedas conocer, sea esto: guerra espiritual, escatología, evangelismo, profecía, etc.

Sin embargo, lo que hoy estás por empezar a estudiar y que vas a aprender, es el resultado de un cúmulo de enseñanzas que Dios me permitió recibir, como ya lo dije, juntamente con mi esposa; para que hoy las traslade a tu persona y de lo que aprendas, puedas enseñar a otros, sea familia, amigos, compañeros de trabajo, etc. No pretendo abarcar todo el conocimiento de guerra espiritual, pero de lo que conozco, de eso te enseñaré para que continúes siendo equipado como todo un guerrero espiritual y que al momento de la batalla, vayas en el nombre de Jesús, con la convicción que volverás victorioso porque no serás engañado ni derrotado.

De tal manera que, una vez planteado que mi propósito es trasladar la revelación que Dios me ha permitido recibir; debes saber que hablar de la cosmogonía no puede ser desde ningún punto de vista una introducción a un libro como el que hoy estás empezando a estudiar. Puedo decir que este tema es bastante complejo, pero a la vez esencial, básico en el sentido de todas las cosas que aprenderás en su desarrollo.

Pero entonces al dejarlo en primer plano o como el primer tema, es con el propósito de poder explicar el origen de los problemas de la humanidad, es decir, con quiénes el ser humano ha tenido conflictos a través de los tiempos.

Es obvio que la cosmogonía no estaba dentro de los propósitos originales cuando fueron creadas las entidades que pronto se convirtieron en enemigas; no fueron creadas para funciones negativas o de las tinieblas, sino que, en su involución y su rebelión vinieron a ser entidades antagónicas a los propósitos divinos de Dios; al punto incluso que cambiaron el nombre del que originalmente tuvieron al momento de su creación, por ejemplo: Luzbel, dejó de ser portador de luz para convertirse en Satanás y otros epítetos que sugieren que es el mismo personaje.

Por eso, en el Nuevo Testamento puedes ver que se menciona que las batallas a las que te enfrentarás, no solamente como un guerrero espiritual, sino que, como una persona que pertenezca a un conglomerado; son batallas que son ubicadas en lugares celestiales, como dando a entender la base de la cosmogonía.

Por eso debes considerar que la palabra cosmogonía es teológica como también lo es la palabra demonología, por supuesto que no las encuentras en la Biblia, pero no por el hecho que no están literalmente no las debes estudiar, al contrario, son puntos que debes profundizar por cuanto en determinado momento pueden ser parte de un conjunto de términos vinculados a bases legales espirituales y si no las conoces, puedes estar cayendo en la falta de conocimiento de términos de guerra espiritual.

La cosmogonía como tal, trata con diferentes puntos que ayudan a la comprensión de lo siguiente:

✓ **Los ciclos biológicos creativos de Dios**, es decir, las diferentes etapas en las que Dios ha creado los seres preexistenciales para diferentes funciones. Un versículo de la Biblia en el puedes ver esta situación es **Génesis 1:1 ...y creó Dios los cielos y la tierra...** aquí puedes ver que en los parámetros que Dios usó, tuvieron lugar diferentes ciclos.

✓ **Las funciones originales de los espíritus**, esto es a lo que me refería anteriormente porque todas las creaciones han sido destinadas con determinada función; a partir de la rebelión que puedan manifestar, toman otro nombre.

✓ **Las rebeliones de los seres espirituales**, aquí es donde cambian de función y consecuentemente cambian el nombre con que fueron creadas.

- ✓ **Las edades o aiones**, de esto podrás ver que se dividen en 3 tiempos: pasado, presente y futuro. El término AION, es de origen griego, se puede interpretar como una edad, era y época. Obviamente que todo esto lo estoy dejando como una especie de introducción condensada de cada tópico que en su momento lo voy a detallar.

- ✓ **Los seres caídos (demonios, espíritus inmundos, ángeles caídos y espíritus con nombres genéricos, espíritus humanos de vivos y de muertos)**, de todo esto describiré la influencia que tienen sobre la humanidad.

Base Bíblica de La Cosmogonía

Génesis 1:1 En el principio creó Dios los cielos y la tierra.

Toda escuela de equipamiento de guerra espiritual o enseñanza de demonología que lo haga sin considerar la cosmogonía, estará incompleta y sin razones para entender muchas cosas que son esenciales, estratégicas, principales y fundamentales en guerra espiritual.

Toda escuela de guerra espiritual, congreso o seminario que enseña guerra espiritual, debe tener el ingrediente indispensable de la cosmogonía como parte del pensum que abarcará, de otra manera, los estudiantes recibirán enseñanzas pero sin saber hacia dónde van o contra quién es la batalla. El hecho de no saber contra quién se está batallando y pretender echar fuera a una potestad bajo esa perspectiva, sencillamente es un error.

El mundo espiritual trabaja discerniendo y descubriendo las identidades de los seres caídos, por esa razón puedes ver en la Biblia que en determinado momento se describe la jerarquía de las entidades que son de carácter espiritual-militar que pertenecen a las tinieblas, me refiero, cuando se describen los principados, gobernadores, autoridades y huestes.

Sin la cosmogonía no comprenderás las operaciones universales de las agendas demoníacas, especialmente la reorganización del mundo cósmico después de la caída de Luzbel y la rebelión de algunas creaciones.

Génesis 2:1 Así fueron acabados los cielos y la tierra y todas sus huestes.

Este versículo también tiene implícita la cosmogonía y en ese orden podrás llegar a lo siguiente:

Principios de Liberación y Cosmogonía Del Señor Jesucristo

Cuando Jesús enseñó guerra espiritual, lo hizo con tal autoridad que, desbarató todo esquema que tenían los religiosos de la época. Fue el Señor Jesucristo quien introduce por primera vez la revelación de los principios para la guerra espiritual, como una revelación de cosmogonía. Nunca antes se habían oído ni visto operaciones espirituales confrontando potestades antagónicas del reino de las tinieblas a la manera como lo hizo el Señor Jesucristo.

Los que anduvieron con El, aprendieron de lo que lo veían hacer, de aquí es de donde los institutos teológicos obtuvieron que los interesados en cursar sus enseñanzas, debían hacerlo por 3 años para ser equipados y graduarse como predicadores o ministros del evangelio, porque con los 3 años y medio que Jesús le enseñó a Sus discípulos, con eso fueron debidamente equipados; aunque en realidad es el Espíritu Santo el que prepara y equipa cuando encuentra un receptor en tu corazón para depositar de Su revelación.

Por supuesto que con Jesús aprendieron muchas cosas, dentro de las cuales están las bases o principios de guerra espiritual de las cuales necesitas comprender por la explicación que Dios permita que quede escrita en este libro, otras deben ser reveladas para poder ejecutarlas porque fueron hechas por Jesús una sola vez, de tal manera que no son métodos; por eso insisto en que el que hace la obra en todo es el Espíritu Santo, es Él quien te guiará a toda verdad y te completará en la base de lo que debes aprender de guerra espiritual.

En aquello que una sola vez lo hizo Jesús, también existe una fuente de revelación, por ejemplo, cuando dice la Biblia que un espíritu inmundo sale del hombre, va a lugares desérticos buscando reposo y al no encontrarlo, volverá a la casa de donde salió; eso es un principio de liberación. Otro principio de liberación lo puedes ver cuando Jesús dice que nadie puede entrar a la casa del hombre fuerte, si primero no lo ata; eso tampoco lo habían escuchado, obviamente estaban frente al que tiene toda la sabiduría, conocimiento, etc.

Digo todo esto porque es necesario conocer cada día más respecto a guerra espiritual y en esta base, te describiré algunos versículos de la Biblia para ver los fundamentos que puedes tener respecto a cómo Jesús se tomó el tiempo para enseñar respecto a guerra espiritual, porque a todo esto también debo añadir que cada situación está basada en el área jurídico-espiritual, me refiero a que es necesario conocer el orden en que se mueve el mundo espiritual para poder ser diestro en guerra espiritual, porque existe el régimen jurídico de los derechos espirituales, de tal manera que si no eres conocedor a este respecto, desde antes de entrar a la batalla, puedes haber perdido la guerra.

EL MINISTERIO DE LIBERACION DE EL SEÑOR JESUCRISTO

Jesús pasó un tercio de Su ministerio echando fuera demonios, batallando contra el reino de las tinieblas y venciéndolos, otro tercio sanando enfermos y básicamente la otra tercera parte predicando, enseñando, orando, etc.

Algunas de las citas donde puedes ver que Jesús enfrentó los poderes demoníacos de las tinieblas, son las siguientes:

- ✓ **Marcos: 1:21-28, 29-31, 3:11, 19-30, 5:1-20, 6:12-13, 7:24-30**

✓ **Lucas:** 4:31-37, 4: 38-41, 6:17-19, 7:21-23, 8:41-42, 9:37-43, 13:10-17

✓ **Mateo:** 4:24, 8:1-4, 16-17, 9:32-35, 12:22-29

✓ **Juan: 5:1-16**

Por eso no puedes permanecer ignorante de los esquemas de Satanás, sino más bien debes exponerlos a la luz de Jesús para que queden sin efecto (**Efesios 5:11**).

Recuerda tener presente que en ti existe lo que se llama poderes exógenos, los cuales son los que llegan a tu vida de parte de Dios; pero también existen los poderes endógenos que es todo lo que expulsas de adentro hacia fuera, eso es precisamente la autoridad y el poder que se suma a lo que Dios derrama sobre ti para que haga sinergia y tengas entonces el conocimiento que en el nombre de Jesús, viene a derribar las obras de las tinieblas.

✓ **En guerra espiritual, si no conoces, no tienes derecho a ejercer la autoridad, eso es un principio básico.**

El conocimiento de Dios es algo que lo cultivas y se convierte en tu naturaleza y lo puedes manifestar porque es el poder endógeno, pero lo exógeno es el poder de Dios que te respalda, que viene sobre tu vida porque estás aplicando los principios de guerra espiritual.

Argumentos de Las Primeras Rebeliones

Leyes divinas:

Es la esfera espiritual interviniendo en lo físico y lo físico interviniendo en lo espiritual; esto es algo que Dios estableció al punto que cuando hizo las creaciones celestes, les concede autoridad para que puedan intervenir en el mundo físico, de tal manera que entonces te creó para que intervinieras en lo espiritual.

Partiendo de eso puedo decir que los seres espirituales dependen de los humanos en el planeta Tierra para poder desempeñar correctamente su función y viceversa, los seres humanos en el planeta Tierra dependen de lo espiritual; existe entonces reciprocidad por su relación de lo cual puedes ver la base bíblica:

Hebreos 1:7 Y de los ángeles dice: EL QUE HACE A SUS ANGELES, ESPIRITUS, Y A SUS MINISTROS, LLAMA DE FUEGO.

Hebreos 1:14 ¿No son todos ellos espíritus ministradores, enviados para servir por causa de los que heredarán la salvación?

Este versículo está refiriéndose a 2 creaciones, por un lado a los ángeles en calidad de espíritus, y a los hombres, los hace llama de fuego, siendo la gloria y la unción, pero lo extraordinario es que los sitúa de forma paralela para revelar que en las leyes divinas, existe una interacción entre las creaciones físicas y las espirituales.

Salmo 8:4-6 …digo: ¿Qué es el hombre para que de él te acuerdes, y el hijo del hombre para que lo cuides? **5** ¡Sin embargo, lo has hecho un poco menor que los ángeles, y lo coronas de gloria y majestad! **6** Tú le haces señorear sobre las obras de tus manos; todo lo has puesto bajo sus pies:

Nuevamente puedes ver que está refiriéndose al hombre como una creación un poco menor que los ángeles, sin embargo al hombre corona de gloria y majestad, además lo hace enseñorear sobre las obras de Dios, le ha concedido autoridad. Por eso es que, cuando Dios te entrega algo y alguien trata de usurparlo, desciende un ángel a interactuar y pelear a favor de aquel que está siendo víctima de otro.

El problema con esto es que, cuando alguien no lo entiende, está en peligro frente al mundo espiritual porque si alguien conoce de cómo ejecutar las leyes en el mundo espiritual, son precisamente los que interactúan en ese mundo, tanto del lado de la luz como del lado de las tinieblas.

Sin caer en el hecho de magnificar la obra de Satanás, puedo decir que esa es la base de su éxito porque lo que hace es, primero, bajo la perspectiva de engaño, pero con el argumento legal que tuvo que haberle pedido permiso a Dios para actuar legalmente en contra de alguien.

LA LEY DIVINA DEL COSMOS

- ✓ El cosmos se comparte entre seres visibles e invisibles que funcionan sobre la base de las leyes divinas que Dios desde el principio estableció.

- ✓ Desde la cosmogonía, Dios hizo espíritus para la esfera celestial y terrenal.

- ✓ Lo físico y/o seres humanos no son el resultado de fallo en la parte de la esfera celestial espiritual, eso ya estaba en los planes de Dios.

Es muy importante que puedas comprender todo esto porque, como ya lo dije, existe el régimen jurídico de los derechos espirituales donde se establece el orden divino que Dios mismo estableció para que se cumpla Su palabra. Puedo comprender que de pronto estés con muchos deseos de empezar a echar fuera espíritus inmundos o reprender demonios, pero para llegar a ese punto, debes saber que existe un orden que debes aprender lo cual es muy necesario para tener éxito en la guerra espiritual, por supuesto que la obra es de Dios y de El también la victoria pero por el simple hecho que te tome en cuenta para representarlo en una guerra, debes prepararte y esforzarte en todo lo que a ti respecta.

PARTICIPACIÓN RECIPROCA

Génesis 1:1 En el principio creó Dios los cielos y la tierra.

- ✓ Ambas esferas tendrían una participación reciproca.

Mateo 16:19 Yo te daré las llaves del reino de los cielos; y lo que ates en la tierra, será atado en los cielos; y lo que desates en la tierra, será desatado en los cielos. (Relación entre 2 esferas)

La Cosmogonía

Génesis 2:1 Así fueron acabados los cielos y la tierra y todas sus huestes.

- ✓ **Los cielos:** dimensión cielos.

- ✓ **La tierra**: dimensión tierra.

- ✓ **Las huestes:** seres y sus funciones para los planos existenciales.

Cada una de las creaciones de Dios tienen un lugar y una función que deben desempeñar a cabalidad, independientemente de la reciprocidad que pueda haber, debe trabajarse desde el lugar donde estás; me refiero a que no debes pretender traspasar de una dimensión a otra porque con la autoridad que Dios te entregó puedes hacer valer tus palabras en el nombre de Jesús.

Por eso ves este versículo:

Efesios 5:11-12 (LBA) Y no participéis en las obras estériles de las tinieblas, sino más bien, desenmascaradlas; [12] porque es vergonzoso aun hablar de las cosas que ellos hacen en secreto.

Desde la dimensión donde Dios te estableció debes pelear la buena batalla porque con la autoridad que El te delegue, desempeñarás tu función porque es por Dios y no por ti que alcanzarás la victoria.

La cosmogonía te ayuda a comprender que, cuando los propósitos originales son cambiados, se cambian las intenciones y se usurpan posiciones. Observa este versículo:

Romanos 1:21-23 Pues aunque conocían a Dios, no le honraron como a Dios ni le dieron gracias, sino que se hicieron vanos en sus razonamientos y su necio corazón fue entenebrecido. [22] Profesando ser sabios, se volvieron necios, [23] y cambiaron la gloria del Dios incorruptible por una imagen en forma de hombre corruptible, de aves, de cuadrúpedos y de reptiles.

Ahora las intenciones de las entidades que abandonaron lo original; es dedicarse a destruir, corromper, depravar todo aquello que tiene el diseño original de Dios. Por eso es importante el conocimiento de parte de Dios porque eso te ayudará a cerrar puertas al enemigo y que no prosperen sus ataques en contra de tu vida y tendrás la estrategia adecuada que te llevará a la victoria en el nombre de Jesús.

Juan 10:10 El ladrón sólo viene para robar y matar y destruir; yo he venido para que tengan vida, y para que la tengan en abundancia.

¿POR QUÉ LA COSMOGONÍA?

Debes llevar presente en esencia lo que es la cosmogonía porque te ayuda a comprender que, cuando los propósitos originales de Dios son cambiados, se cambian las intenciones y se usurpan posiciones.

El estudio de la guerra espiritual está incompleto sin una comprensión adecuada de la cosmogonía y los principios espirituales de la creación; tema que es necesario madurarlo y estarlo profundizando para que no haya lugar a la duda ni a la confusión que Satanás pretenda sembrar en tu corazón.

Considera que la creación espiritual fue primero para que funcionara en las actividades entre el mundo espiritual y en el físico, por ejemplo: las funciones espirituales dentro del plano físico puedes verlas en el siguiente versículo:

Génesis 1:26 Y dijo Dios: **Hagamos** al hombre á nuestra imagen, conforme á nuestra semejanza; y señoree en los peces de la mar, y en las aves de los cielos, y en las bestias, y en toda la tierra, y en todo animal que anda arrastrando sobre la tierra.

La Cosmogonía

✓ **En este verso puedes ver la función de los arquitectos del universo.**

No obstante que mucha de la Iglesia de Cristo ha tenido la enseñanza respecto a que, cuando dice el versículo anterior: **hagamos**... está hablando la triunidad (Dios Padre, Dios Hijo y Dios Espíritu Santo), sin embargo existe algo que es de suma importancia y que no le quita gloria, honra y honor a Dios, sino que es parte de la cosmogonía, porque cuando ves la misma palabra resaltada, era una delegación que Dios estaba haciendo a los que son reconocidos como los arquitectos de universo, creación que tendría precisamente esa función.

Observa la siguiente analogía que te llevará a la comprensión por la cual puedo decir que Dios delega la función de hacer:

Dios: H430 elojím plural, de H433 elóaj singular, este significa Dios y no dioses cómo es Elohim que implica varios dioses o ángeles, magistrados, jueces.

Eso significa que, en todo **Génesis 1**, fue Dios quien dio la orden para la restauración del caos que se había presentado en determinado momento, pero los que la ejecutaron, son los conocidos como arquitectos del universo. Estoy planteando todo esto porque es una forma de explicar lo que es la cosmogonía, de cómo Dios creó seres con propósitos específicos y los que se revelaron contra El, cambiaron su propósito y son entonces los principales protagonistas contra los que debes batallar porque lo que ellos buscan es que el humano abandone su propósito original y participe de su rebelión.

Te preguntarás: **¿cómo poder diferenciar cuando es Dios y cuando son los arquitectos del universo?**, para poder tener un mejor entendimiento a ese respecto debes estudiar con las facilidades que Dios ha permitido para este tiempo, con los diferentes diccionarios codificados y relacionados con los idiomas de hebreo y griego; pero para responder de una forma más directa a es respecto, puedo decirte que Dios Padre empieza a aparecer como Padre, hasta en **Génesis capítulo 2**, es donde aparece el nombre sagrado **YHVH**.

Génesis 2:4 Estos son los orígenes de los cielos y de la tierra cuando fueron creados, el día que Jehová Dios hizo la tierra y los cielos…

Yehwah (הוֹהִי, H3068), Señor: el tetragramatón **YHWH** aparece sin vocales y por eso se debate su pronunciación exacta **(Jehová, Yehovah, Jahweh, Yaweh, en castellano Yahveh)**.

Dios es el que ordena todo pero también tiene servidores, en este caso, los arquitectos del universo que son los que aparecen en escena en **Génesis 1** haciendo una función cosmogónica, eran seres que Dios creó para que recrearan el mundo.

Salmo 118:22 117:22 (BNM) La piedra que desecharon los constructores se ha convertido en piedra angular…

Para poder comprender de una mejor forma todo esto, es necesario hacer mención de lo que son cabezas de la estructura de los arquitectos:

Proverbios 8:22-30 El SEÑOR me poseyó en el principio de su camino, desde entonces, antes de sus obras. **23** Eternamente tuve el principado, desde el principio, antes de la tierra. **24** Antes de los abismos fui engendrada; antes que fuesen las fuentes de las muchas aguas. **25** Antes que los montes fuesen fundados, antes de los collados, era yo engendrada; **26** no había aún hecho la tierra, ni las campiñas, ni el principio del polvo del mundo. **27** Cuando componía los cielos, allí estaba yo; cuando señalaba por compás la sobrefaz del abismo; **28** cuando afirmaba los cielos arriba, cuando afirmaba las fuentes del abismo; **29** cuando ponía al mar su estatuto, y a las aguas, que no pasasen su mandamiento; cuando señalaba los fundamentos de la tierra; **30** con él estaba yo ordenándolo todo; y fui su delicia todos los días, teniendo solaz delante de él en todo tiempo.

Otras referencias de los arquitectos del universo:

Mateo 21:42, Marcos 12:10, Lucas 20:17, Hechos 4:11, 1 Pedro 2:7.

En **Proverbios 8:22-30** se está haciendo referencia a una entidad que estaba al principio con propósitos originales, todo lo que hizo fue por orden de Dios; eso es cosmogonía, la razón de la existencia de entidades para que cumplieran su propósito, fueron creaciones que pertenecen a un período preexistencial, todo en el plano celestial, la ingeniería de Dios fue demostrada en el momento que surge esta creación; lamentablemente muchas de aquellas creaciones fueron las que pertenecen a las primeras rebeliones contra Dios.

La Matriz Primigenia

Básicamente esta es la creación que se convirtió en la iniquidad, era una entidad místicamente femenina:

Proverbios 8:22-23 (NTV) El Señor me formó desde el comienzo, antes de crear cualquier otra cosa. **²³** Fui nombrada desde la eternidad, en el principio mismo, antes de que existiera la tierra.

Proverbios 8:30 (NTV) ...**era la arquitecta a su lado**. Yo era su constante deleite, y me alegraba siempre en su presencia.

Hace algún tiempo Dios me permitió escribir un libro que titulé: **El Misterio de La Iniquidad**, ahí profundizo todo lo referente a esta entidad, sus diferentes facetas influenciando al que se conoce como el inicuo.

El perfil preexistencial de la iniquidad

Proverbios 8:22 El Señor me **poseyó** al **principio** de su camino, antes de sus obras de tiempos pasados.

- ✓ Me **poseyó**: #7069 QANAH: creó.

- ✓ Al **principio**: #7225 RE`SHIYTH: primero, jefe, en turno, rango, tiempo y lugar.

- ✓ Sus **obras**: #4659 MIPHAL: Cosas de hacer, es decir antes de...

Debo hacer énfasis en que esta entidad fue una creación directamente de Dios, no es una entidad derivada como lo es Padre, Hijo y Espíritu Santo, una derivación del Dios Altísimo; sin embargo puedo decir que es una de las primeras creaciones biológicas de Dios.

LA SABIDURÍA CREADA

Proverbios 8:23 Desde la eternidad fui establecida, desde el principio, desde los orígenes de la tierra.

Obviamente que, cuando me refiero a la sabiduría creada, es totalmente diferente a la sabiduría de Dios la cual es parte de Su naturaleza, si puedo llamarle de esa manera; la sabiduría creada fue una creación que vendría a ser la cabeza de una estructura de entidades que promoverían la sabiduría con rango, ROSH #H7218 o ARKAY #G754 que significa primero en turno, en rango, en tiempo y lugar.

LAS PRIMERAS CREACIONES DEL VIENTRE PRIMIGENIO

Proverbios 9:1-2 La sabiduría ha edificado su casa, ha labrado sus siete columnas; [2] ha matado sus víctimas, ha mezclado su vino, ha puesto también su mesa…

Las creaciones que vinieron del vientre primigenio son las siguientes:

- ✓ **Las 7 columnas de la sabiduría: Arquitektones o Pakires**
- ✓ **Serafines**
- ✓ **Querubines**
- ✓ **Arcángeles**
- ✓ **Ángeles**
- ✓ **Principados**
- ✓ **Gobernadores**
- ✓ **Autoridades**
- ✓ **Huestes**

Como puedes ver, no fue solamente 1 entidad la que se reveló contra Dios, sino que, hubo una semilla que fue engendrada en lo que ese vientre estuvo entretejiendo mientras le servía a Dios. Por supuesto que Dios no era ajeno a lo que esta entidad tenía en su corazón y pensamiento; lo que sucedió es que Dios permitió que se manifestara lo que había en cada uno de ellos con el propósito que hubiera una especie de autopurificación de lo que era contaminable. Debes tener presente que a Dios nadie lo puede engañar, de Dios nadie se burla, el que no es con Dios, es contra El y pronto caerá.

La Cosmogonía de

Los Seres Celestiales y El Reino De Los Cielos

Génesis 1:1 En el principio creó Dios los cielos y la tierra.

El orden creacional comenzó con la dimensión y/o habitación de los seres espirituales; eso es el mundo de los espíritus y tiene su propio significado, por ejemplo:

Efesios 3:14-15 (BDA 2010) Por eso doblo mis rodillas ante el Padre, [15] de quien procede toda familia en los cielos y en la tierra…

Familias: G3965 patriá; familia, raza, linaje (patriá está relacionado con pater, padre).

La referencia es a todos aquellos que están espiritualmente relacionados con Dios Padre, siendo El, el autor de Su relación espiritual entre El y con los hijos Suyos, quedando unidos entre sí en una comunión familiar.

LAS FAMILIAS DE LOS CIELOS

Los nombres que voy a mencionar a continuación, no son necesariamente jerarquía sino, estirpes de las familias de los cielos.

La Cosmogonía

Serafín: Serafím es el plural de Seraf, que viene a su vez de la raíz hebrea Saraf que significa **ardiente**. Los serafines son seres ardientes cuya tarea es **purificar** (Isaías 6:1).

Querubín: Keruvim es el plural de Keruve; estos son seres éticos cuya labor es **proteger**, y a su vez están en un lugar de privilegio dentro del orden divino (Ezequiel 28:14).

Ángeles: Seres mensajeros, comunicadores de visiones, revelaciones y ministradores (Hebreos 1:14).

Markava: Estas son carrozas de fuego, en plural es Markavot, y se utilizan para traslado (2 Reyes 2:1-12).

Guiborim: Los héroes guerreros, es plural de Guibor. Los Guibbor del Olam (Génesis 6).

Seres vivientes: Seres con caras de león, buey, águila y hombre; estos seres siempre están delante del trono y acompañan la presencia de Dios (Ezequiel 1; 9; Apocalipsis 4; 5; 6; 7; 14; 15; y 19).

Cada una de estas creaciones tiene un cuerpo celestial o divino para vivir y activar de forma legal y solamente en la dimensión a la que pertenecen.

Uno de los principios que puedes notar en todo esto, es la obediencia a Dios; El les dijo hasta dónde podían llegar y de qué forma podían interactuar; ellos mostraron sujeción a Dios y fue suficiente para continuar desempeñando su función desde el momento en que fueron creados.

Los 4 seres vivientes: representan 4 formas de batallas que abren la puerta del trono de Dios.

- ✓ Pero como seres vivientes, permiten ver la evolución de querubín a serafín. Esto es un punto muy particular porque regularmente no es enseñado en todas las escuelas o seminarios teológicos donde dicen que los seres vivientes evolucionan. Debes recordar que si existe la luz, existen las tinieblas; si existe lo bueno, existe lo malo; si existe la evolución, existe la involución.

Apocalipsis 4:8 Y los **cuatro seres vivientes**, cada uno de ellos con **seis alas**, estaban llenos de ojos alrededor y por dentro, y día y noche no cesaban de decir: SANTO, SANTO, SANTO, es EL SEÑOR DIOS, EL TODOPODEROSO, el que era, el que es y el que ha de venir.

Los seres vivientes tienen 6 alas, así como los serafines, esa es la base para ver su evolución:

Isaías 6:2-3 Por encima de El había serafines; cada uno tenía seis alas: con dos cubrían sus rostros, con dos cubrían sus pies y con dos volaban. ³ Y el uno al otro daba voces, diciendo: **Santo, Santo, Santo, es el SEÑOR de los ejércitos**, llena está toda la tierra de su gloria.

La fidelidad de los seres vivientes los lleva a que se active su evolución para convertirse en serafines. Por eso debes llevar presente cuál es tu llamado dentro de la obra de Dios y al tenerlo muy claro, ocuparte en aquello para lo cual fuiste llamado porque de esa manera se verá tu fidelidad. La Iglesia de Cristo está en una constante guerra y tú eres parte del ejército de Dios que está siendo equipado para ser diestro con las armas de luz para que no seas parte de las bajas del ejército de Dios.

MISTERIO DE LOS SERES VIVIENTES

Los seres vivientes están identificados de la siguiente forma:

- ✓ **1 con cara de hombre**
- ✓ **1 con cara de león**

- ✓ 1 con cara de águila
- ✓ 1 con cara de buey

No fueron contaminados por Satanás y representan el equilibrio de la creación, así como los 4 perfiles de batalla dentro de la guerra espiritual; me refiero a que cada rostro tiene un significado que lo abordaré oportunamente.

- ✓ El tiempo de Su venida:

Marcos 13:35 Por tanto, velad, porque no sabéis cuándo viene el señor de la casa, si al atardecer, o a la medianoche, o al canto del gallo, o al amanecer…

- ✓ Representa la cuarta letra del alefato hebreo: Dalet que significa puerta.

Fueron mencionados por:

- ✓ Moisés
- ✓ Ezequiel
- ✓ Juan

Angelología

Esto significa, naturaleza angelical con diferente función, rango y característica.

- ✓ **Ángeles**
- ✓ **Arcángeles**
- ✓ **Querubines**
- ✓ **Serafines**

Puedo decir que este sería el orden jerárquico de esta creación. En Apocalipsis 4 e Isaías 6 puedes ver que se habla del mismo ser viviente pero en categoría de serafín y no de querubín, sin embargo debes saber que las familias de los cielos están compuestas aproximadamente por 16 estirpes y cada uno tenía una función específica dentro de los propósitos de Dios.

LA ETIMOLOGÍA DE COSMOGONÍA

Como pudiste ver, te presenté ejemplos de cosmogonía para que tuvieras una panorámica muy clara a este respecto; ahora empezaré con la definición de la palabra como tal y el evento primigenio que dio lugar a la cosmogonía.

Lo primigenio es lo que hace referencia a un primer estado o a una etapa inicial de algo:

- ✓ Del griego kosmogonía o kosmogenía.

- ✓ Es como una narración del origen del universo, de los seres celestes y de la propia humanidad.

- ✓ Generalmente en ella se remonta a un momento de preexistencia u originario, en el cual el mundo no estaba formado, puesto que los elementos que habían de constituirlo no se hallaban aún.

- ✓ Cosmogonía es una palabra que se deriva del griego κοσμογονία kosmogonía, formada por kosmos que significa mundo y gígnomai que significa nacer.

- ✓ La cosmogonía es el relato o una explicación acerca de la creación y desarrollo del mundo, el universo y las primeras creaciones espirituales, los seres humanos y animales, con la intención de poder establecer una realidad concebida bajo un orden físico, simbólico y espiritual.

- ✓ La Biblia es un relato cosmogónico que describe cómo fue creado el universo bajo el poder y la palabra de Dios. La cosmogonía siempre debe explicarse con la cosmovisión.

LA COSMOVISIÓN HEBREA

La cosmogonía y la cosmovisión son 2 temas diferentes; de hecho en el siguiente capítulo voy a describir ampliamente lo que es la cosmovisión, sin embargo quiero dejar un concepto respecto a lo que significa la cosmovisión hebrea con el propósito de poder comprender en qué punto de la preexistencia tuvieron lugar los ciclos biológicos creativos de Dios; para lo cual voy a describir el siguiente versículo que a su vez, permite ver que Dios no crece ni decrece, El es dimensional, de tal manera que para poder comprender de Sus manifestaciones, describiré el siguiente versículo:

Salmo 91:1-2 El que habita al abrigo del **Altísimo** morará a la sombra del **Omnipotente**. ² Diré yo al **SEÑOR**: Refugio mío y fortaleza mía, mi **Dios**, en quien confío.

Salmo 91:1-2 (VIN2011) El que habita al abrigo de Elyón y mora a la sombra de Shaday, ² dígale a Yahweh: "Refugio mío y fortaleza mía; mi Elohim en quien confío".

Es Salmo permite ver lo que es conocido como la cuadridimensión de Dios, esto es cosmovisión, es una forma de ver para comprender la cosmogonía.

- ✓ **Altísimo: Elyón** – es la esencia de Dios

- ✓ **Omnipotente: Shaday** – es El Espíritu Santo

- ✓ **SEÑOR: Yahwe** – es El Padre

- ✓ **Dios: Elohim** – es El Hijo

Deuteronomio 6:4 Escucha, oh Israel, el SEÑOR es nuestro Dios, el SEÑOR **uno** es. **(H259 ekjád) Unidad compuesta**

Debes recordar que no existen 4 Dioses, sino que es una unidad compuesta, siendo uno, Dios Altísimo, se deriva en 3 personas divinas.

Para poder comprender esto, lo plantearé de la siguiente manera para poderme dar a entender:

1.- Ayin - Sof es un término hebreo que significa lo increado, la nada, ni siquiera la nada existe ahí, no hay tiempo ni eternidad, no hay espacio ni materia; puedo decir que es el lugar donde está el Elyon o sea Dios Altísimo. La pureza de Dios Altísimo hace que nada pueda tener contacto con El, pero como Dios es amor, el verdadero amor; en determinado momento decide derivarse en las 3 personas divinas para compartir Su amor con lo que empezaría a crear.

2.- Ex – Nihilo, es otro término hebreo que significa la creación, lo visible y lo invisible, se da lugar a la eternidad y el tiempo, se da lugar al espacio y a la materia pero a partir de la Esencia Derivada de Dios porque es aquí entonces donde se manifiesta Dios Padre, Dios Hijo y Dios Espíritu Santo.

Del **Ayin Sof**, donde está Dios Altísimo es donde tiene lugar lo que es conocido como la Kenosis pero en este caso es la Kenosis del Altísimo; oportunamente quizá has aprendido respecto a la Kenosis del Hijo, la Kenosis de Cristo, pero en realidad la Kenosis la manifestó Dios Altísimo y Su derivación.

3.- El Olam, a partir de aquí es donde tiene lugar la creación de Dios, el Olam, el punto donde todo se desvanece, es donde empieza la creación de los cielos, es donde tiene lugar la primera creación del vientre primigenio, todas las creaciones celestes con sus rangos, géneros y oficios además de la creación de la Tierra.

Esto es cosmogonía, es el origen de las creaciones y su respectiva asignación de funciones; esto es a la vez cosmovisión porque es el hecho de ver el cosmos desarrollándose como Dios lo ordenó.

La Razón Divina De La Esencia Derivada

Para todo esto quiero que veas otro versículo de la Biblia porque puede ser que surja de pronto la interrogante: **¿había razones para que Dios Altísimo derivara Su esencia?** La respuesta es, si, y la explicación es la siguiente:

1 Timoteo 6:16 (LBA) ...el único que tiene inmortalidad y habita en luz inaccesible; a quien **ningún hombre ha visto ni puede ver**. A Él sea la honra y el dominio eterno. Amén.

La esencia o Dios Altísimo nunca a salido del AYIN-SOF por razones de pureza muy poderosas que no contrastan con la condición actual de la creación, El es demasiado puro y no puede tener contacto con la creación. Al decir la Biblia que nadie le ha visto, ni le verá o que nadie puede acercarse a El, es la razón de lo dimensional de Dios por causa de la creación.

Por supuesto que Dios usó un varón para describir todo esto, pero no fue alguien sin que conociera bien las escrituras, el Apóstol Pablo era experto en el judaísmo y sabía muy bien lo que estaba escribiendo en esa epístola a Timoteo.

La Cosmogonía

Observa cuáles eran las credenciales del Apóstol Pablo:

Filipenses 3:5-6 ...circuncidado el octavo día, del linaje de Israel, de la tribu de Benjamín, hebreo de hebreos; en cuanto a la ley, fariseo; **6** en cuanto al celo, perseguidor de la iglesia; en cuanto a la justicia de la ley, hallado irreprensible.

Puedes notar entonces el gran amor de Dios Altísimo, porque para poder tener oportunidad de desarrollarse la creación, le pone libre albedrio de la cual El sabía lo que iba a pasar, sin embargo otorga autonomía pero primero se deriva, tiene Su Kenosis derivándose primero para que Su pureza no destruyera la creación en cualquier momento y que todo tuviera una oportunidad a través de un plan divino.

✓ **Pero entonces surge la Kenosis, término que significa: derivarse.**

✓ **La Kenosis de Dios Altísimo es su derivación en la triunidad: Padre, Hijo y Espíritu Santo, increados, solamente son una derivación de Dios.**

LA ESENCIA DERIVADA:
La Kenosis de Cristo

La kénosis: (del griego κένωσις (ekénōsen): vaciamiento de la propia naturaleza divina para llegar a ser completamente receptivo a la voluntad de Dios.

Filipenses 2:6-7 ...el cual, aunque existía en forma de Dios, no consideró el ser igual a Dios como algo a qué aferrarse, **7** sino que se **despojó (kenóō #G2758)** a sí mismo tomando forma de siervo, haciéndose semejante a los hombres.

Sino que vaciándose (ekénosen)... usando el verbo κενόω (kenóō) que significa vaciar. Se asocia con los términos anonadamiento, vaciamiento, despojamiento.

Dicho de otra manera: es el misterio de la piedad o la encarnación (**1 Timoteo 3:15**).

LA REBELIÓN DE LAS CREACIONES

Comienza en la base de su libre albedrío, es decir que, son responsables de lo que quieren hacer después de su creación; obedecer a Dios o seguir sus pasiones desenfrenadas. Es decir que pueden evolucionar o involucionar, se regeneran o se degenera, se construyen o se destruye. Esto fue lo que hizo la iniquidad, Satanás y algunos ángeles.

Partiendo del libre albedrio, puedo decir que Dios no crea robots que solamente reciba instrucciones y que no tenga opciones de decisión; por supuesto que debes obedecer a Dios, pero El espera que lo hagas por amor.

1 Samuel 15:23 (LBA) Porque la rebelión *es como* pecado de adivinación, y la desobediencia, *como* iniquidad e idolatría. Por cuanto has desechado la palabra del SEÑOR, El también te ha desechado para que no seas rey.

Es interesante la analogía que puedes ver en este versículo, porque la rebelión es como pecado de adivinación y la desobediencia como iniquidad e idolatría; de tal manera que no se trata solamente que desobedezcas a Dios en aquello a lo cual El te ha llamado a trabajar en Su obra y que de pronto quieras hacer tu propio reino; porque esa desobediencia tiene su punto de comparación con la iniquidad; además que aquella gente que está jugando a pretender ser una especie de Profeta pero de las tinieblas, queriendo adivinarle la vida a los demás, es sinónimo de rebelión.

LAS SEPARACIONES DE LA ESENCIA

La explicación científica acerca de la esencia:

- ✓ La esencia tiene pulsaciones que permite la separando de la esencia misma.

- ✓ Al estar separadas esas pulsaciones de la esencia, crean la materia.

- ✓ Al crear la materia ya no tiene relación de dependencia con la esencia, porque la esencia es pura y a partir de ahí se empiezan a desviar o contaminar.

Visto desde el punto de vista espiritual; todo lo que sale de Dios, lleva en si una perfección y un propósito debidamente definido con el ingrediente llamado libre albedrio del cual muchos no pueden dominar y es entonces cuando se desvían.

- ✓ Sin tener relación alguna con la esencia, todo lo que le sucede a la materia, es por cuenta propia.

- ✓ Pueden seguir el propósito para lo cual se creó o degenerarse.

Sin embargo, al hablar de la triunidad, que son derivaciones de la esencia, formaron el ciclo inicial increado de Dios: Padre, Hijo y Espíritu Santo, partiendo de ese punto surge la creación de todas las cosas.

LA PLENITUD DE LA COSMOGONÍA

Génesis 2:1-3 Así fueron acabados los cielos y la tierra y todas sus huestes. ² Y en el séptimo día completó Dios la obra que había hecho, y reposó en el día séptimo de toda la obra que había hecho. ³ Y bendijo Dios el séptimo día y lo santificó, porque en él reposó de toda la obra que El había creado y hecho.

Juan 1:1-3 En el principio existía el Verbo, y el Verbo estaba con Dios, y el Verbo era Dios. ² El estaba en el principio con Dios. ³ Todas las cosas fueron hechas por medio de El, y sin El nada de lo que ha sido hecho, fue hecho.

Estos versículos puedo decir que encierran toda la descripción de lo que consiste la cosmogonía; es posible que hayas visto mucha información en este primer capítulo de lo cual te invito a que vuelvas a estudiarlo porque es importante que estés claro con todo esto para que al momento de enfrentar una guerra espiritual, sepas que todo demonio, espíritu inmundo o cualquier potestad de las tinieblas, están totalmente desubicados, partiendo de ahí ellos ya están derrotados porque pelean en la base de algo para lo cual no fueron creados, sino que, desvirtuaron sus propósitos.

Recuerda que todo esto es parte del equipamiento ministerial para que seas un combatiente de liberación, un guerrero espiritual. En el siguiente capítulo podrás estudiar la cosmovisión, después otro capítulo, donde aprenderás parte de los principios de las razones de la guerra espiritual hasta llegar a las etapas donde podrás estudiar cómo pelear contra un espíritu inmundo, un principado, un gobernador, una autoridad, una hueste, por supuesto que estoy refiriéndome al plano espiritual porque también aprenderás a cómo pelear contra ángeles caídos.

Si no sabes quiénes son y cuáles son sus especialidades o rangos, no sabrás cómo pelear con cada uno de ellos lo cual es diferente en cada nivel. Para poner un ejemplo puedo decir que a veces la gente está pretendiendo echar fuera de una persona a un ángel caído, cuando este tipo de entidades no posesionan cuerpos aunque pueden, pero no es esa su meta; por eso es muy necesario que aprendas todo lo que en este primer capítulo has podido estudiar.

La Cosmovisión

CAPÍTULO 2

Existen 3 temas fundamentales con un tono teológico, aunque no encaja en cada una de las doctrinas que puedan existir o que hayas escuchado, pero no por eso significa que no existan; por eso es necesario que haya un equilibrio entre lo teológico, doctrinal, experimental y lo que es bíblico, esto con el propósito que todo lo que puedas encontrar en este libro, sea muy sustancioso a tu vida espiritual.

Los 3 temas a los que me refiero son:

- ✓ **Cosmogonía**
- ✓ **Cosmovisión**
- ✓ **Demonología**

Muchos ministros del evangelio no contemplan estos temas para trasladarlos a la Iglesia de Cristo, la congregación que pastorean la abstienen de este conocimiento, lo hacen por cualquier razón, sin embargo, como ya lo señalé, no por eso dejará de existir.

El hecho que esos términos no aparezcan en la Biblia literal, como tampoco aparece la palabra trinidad, milenio, cuadridimensión, etc., no significa que no existan, lo que debe hacerse es pedirle al Espíritu Santo de Su revelación con el propósito de poder profundizar el estudio y que sea Dios quien te conduzca adecuadamente sin desviarte de la esencia que es conocer más el mundo espiritual, no es espiritismo, sino, el mundo espiritual.

A continuación describiré el versículo que utilizaré como base para este capítulo:

Efesios 6:12 (Amplificada) Porque no luchamos con carne y sangre (contendiendo solamente con oponentes físicos), pero contra los despotismos, contra los poderes, contra **(los espíritus que son maestros o expertos)** los gobernantes mundiales de esta oscuridad presente, contra las fuerzas espirituales de maldad en la esfera celestial (sobrenatural).

La versión de la Biblia Amplificada dice que el mundo espiritual tiene maestros o expertos en leyes, principios y estrategias de guerra, es decir que el factor ignorancia en sus enemigos, es la base de la derrota en las batallas. Es necesario que tengas presente el hecho que el mundo espiritual es muy exigente a las leyes jurídicas porque se rige por leyes, aunque las puedas desconocer, no por eso dejarán de cumplirse.

2 Corintios 2:11 (VMP) ...a fin de que Satanás no gane ventaja alguna sobre nosotros; porque no estamos ignorantes de sus ardides. ***(Modus Operandi)***

Cuando batallas contra fuerzas espirituales de maldad, debes saber que hay dimensiones a vencer pero para eso son necesarios los recursos con los que cuentas y conocer la forma de utilizarlos de la mejor manera.

Esto es como el mundo físico o natural, debes aprender a utilizar las herramientas en los diferentes ámbitos de trabajo, si sabes cómo utilizar esas herramientas, se te hará muy fácil tu trabajo, pero si no sabes para qué o cómo utilizar una computadora, y si es imprescindible usarla en lo que haces y no la utilizas, se te complicará todo lo que quieras hacer.

Lo mismo sucede en el mundo espiritual con las leyes, debes aprender que existen, debes aprender los términos en guerra espiritual con el propósito que las tinieblas no tomen ventaja sobre ti, sobre tu desarrollo como guerrero espiritual.

Por otro lado, en este tema, también es necesario conocer la etimología de la palabra cosmovisión, para lo cual lo haré bajo diferentes puntos de vista entre los cuales podrían considerarse incluso puntos de vista filosóficos, por Aristóteles que en determinado momento utiliza el término cosmovisión, diciendo que es una ciencia especulativa y práctica a la vez, especulativa porque era la responsable de buscar la verdad y aquellas cosas que con prácticas.

La cosmovisión puede cambiar, según el mundo en el que estás. Si hoy estás en el mundo occidental, debes saber que tiene su propia cosmovisión, diferente al mundo oriental, esto puede afectar notoriamente en lo que nos concierne aprender de guerra espiritual porque a lo que le llamas ángel caído, en otro lado le llaman demonios; tienen una cosmovisión diferente a causa de su trasfondo doctrinal, aunque a estas alturas de lo que ya has aprendido, sabes muy bien que eso no es así: ángel caído es uno y demonio es otro, no es lo mismo, por eso es importante tener una cosmovisión a la luz de la palabra de Dios.

La Etimología de Cosmovisión

- ✓ Del griego, una palabra que se encuentra conformada por cosmos, que es equivalente a ordenar, y el verbo visio, que significa ver.

- ✓ De manera filosófica es la visión del mundo, fue una palabra originalmente alemana Weltanschauung, por la persona que lo introdujo como tal a las culturas.

- ✓ Cosmovisión es la manera de ver e interpretar el mundo.

- ✓ Se trata del conjunto de creencias que permiten analizar y reconocer la realidad a partir de la propia existencia.

- ✓ Puede hablarse de la cosmovisión de una persona, una cultura, una época, etc. Por eso existe la cosmovisión occidental, oriental y bíblica. Esto es importante a partir de la forma en que veían en la antigüedad los asuntos de carácter de guerra espiritual.

Sin embargo es necesario que lo analices de una forma ordenada en base a la Biblia, a la forma en que te conduzca el Espíritu Santo, aunque la palabra en sí es solamente la forma de interpretar el mundo, en guerra espiritual se puede interpretar el mundo espiritual, lo cual es por lo que estás estudiando este libro.

- ✓ La palabra cosmovisión quiere decir visión del mundo espiritual y físico, es la perspectiva, concepto o representación conceptual que determinada cultura o persona que se forma de la realidad. Por lo tanto, la cosmovisión es el marco de interpretar la realidad del mundo creado.

✓ Significa: Imagen o figura general de la existencia, realidad o mundo.

Las 3 Ayones o Edades

La cosmovisión que estás conociendo, es la de 3 ayones y es la siguiente:

✓ **LA ERA O AYON PREADÁMICO (pasado eterno)**

Es importante conocer esto porque es de aquí de donde emergen entidades, debes conocer cuáles son, porque con las entidades con las que comúnmente estás batallando son:

➤ Espíritus inmundos

➤ Demonios

➤ Ángeles caídos

La cosmovisión te llevará a ver de dónde viene cada una de esas entidades y por qué confrontan a la humanidad.

✓ **LA ERA O AYON PRESENTE (comprende desde adán hasta nuestros días)**

✓ **LA ERA O AYON FUTURO** (siglo venidero)

Es muy importante que conozcas esto porque no se puede confundir con términos conocidos como dispensaciones, introducidos teológicamente por Scofield. Las dispensaciones caben dentro de la segunda era, pero el punto principal es que son 2 términos diferentes. Para ampliar la cosmovisión de las 3 eras o ayones, será necesario la cosmovisión de los 5 mundos porque es donde la Biblia deja ver el origen de las entidades que están en guerra espiritual:

Apocalipsis 21:1-2 (LBA) Y vi un cielo nuevo y una tierra nueva, porque el primer cielo y la primera tierra pasaron, y el mar ya no existe. ² Y vi la ciudad santa, la nueva Jerusalén, que descendía del cielo, de Dios, preparada como una novia ataviada para su esposo.

1. **Mundo angelical:** Mundo luzbeliano en la eternidad pasada, es lo que no está ampliamente descrito entre **Génesis 1:1** y **Génesis 1:2** pero por contexto en la Biblia lo puedes encontrar y bajo la guianza del Espíritu Santo alcanzarás el mejor entendimiento.

En este primer mundo el que estaba a cargo de todo era Luzbel (**Ezequiel 28**), era quien gobernaba por un sistema de entidades angelicales para gobernar la creación de ese entonces, pero fallaron y es por eso que Dios dijo que no volvería a dar el mundo para que lo gobernaran ángeles.

A causa de la mala gobernabilidad de ese momento, Dios los quita pero esas entidades no aceptaron su falla y el resultado de eso fue que surge entonces lo que se conoce como la rebelión luciferina, experimentando un juicio por agua; por supuesto que eso fue para tener un reinicio, porque a Luzbel, que se convirtió en Satanás, le espera un juicio final y la condenación en el lago de fuego.

Pero el punto principal que deseo resaltar es que, es del primer mundo de donde surgen los ángeles caídos; considera bien todo esto porque son los orígenes de estas entidades y comprende entonces cuál es la agresividad que ellos ejercen, cuál es la constancia de afectar al ser humano en general y obviamente en especial al cristiano, qué es lo que ellos perdieron y por qué se ensañan contra el cristiano.

2. Mundo humano: También reino reptiliano, dinosaurios, etc. **Génesis 1:26**.

Como ya existían entidades que se le habían opuesto a Dios, entonces hubo una contaminación para las creaturas que estaban en ese momento de donde también existían humanoides; pero también hubo un diluvio y por ese juicio que abarcó a los humanoides, fue que entonces se convirtieron en demonios.

Para ese momento los humanoides eran creaturas que estaban súper dotadas con capacidades que no las tiene el humano de hoy. A la muerte de sus cuerpos, surgen los demonios, por eso lo que ellos buscan son cuerpos porque lo perdieron en aquel entonces a causa de la contaminación que les llevaron los ángeles caídos.

3. **Mundo adámico:** Adán, Eva, la serpiente, etc. **Génesis 2:7**.

En este mundo surge entonces la desobediencia de lo cual, aunque Adán no era eterno, si era inmortal, pero pasó a ser como todos los mortales a causa de su desobediencia. A causa del pecado, su espíritu muerte y su alma empieza a morir gradualmente a causa de lo que dejó en el huerto del Edén por la acusación y la vergüenza de sus emociones y sentimientos.

Finalmente Adán muere como un mortal, no era ese su propósito original, pero él lo cambió a consecuencia de su desobediencia. Después de eso sucedieron muchas otras cosas en la creación que estaban para ese momento, lo que llevó a que hubiera otro diluvio.

De Adán surgen 2 cimientes: Caín y Abel. Abel murió por la mano de Caín, él lo mató, entonces solamente estaba Caín y posteriormente nace Set. La cimiente por parte de Caín fue la que confrontó a Dios, hizo lo malo delante de Dios y conformaron dentro de la humanidad a los que eran corruptos, hasta convertir en una mezcla genética al ser humano; entonces hay otro juicio en la Tierra con diluvio que está identificado con Noé.

Este diluvio destruyó cuerpos, algunos espíritus fueron encerrados en prisiones, otros se quedaron vagabundeando en el segundo cielo y otros en la Babilonia cósmica. Los espíritus de esos cuerpos muertos en el diluvio conocido como el diluvio de Noé, es de donde vienen los espíritus inmundos.

4. **Mundo presente:** Desde **Génesis 9:1** hasta Cristo y el presente.

De este mundo es de donde saldrán los espíritus de los justos, aquellos que en fe y obediencia se hayan perfeccionado.

5. **Nuevo mundo:** Año del reinado de Cristo y luego la eternidad. **Génesis 20.**

Este es el mundo donde habrá espíritus perfectos, será donde reine el Señor Jesucristo, será el reino de paz, después de los 1000 años vendrá entonces el juicio final para Satanás y toda su comitiva y después entrará la eternidad.

Esto es lo que ha experimentado el planeta Tierra a través de una especie de reciclaje, vinieron juicio de Dios y hubo un nuevo inicio, actualmente puedo decir que estamos en el numeral 4, por lo tanto falta que sucedan muchas cosas que, todo aquello que ha sido profetizado para el final de los tiempos, está a punto de suceder, de hecho el final de los tiempos es lo que día a día vive el mundo y dentro de él, la Iglesia de Cristo hasta que sea el momento del arrebatamiento para el encuentro con el Señor Jesucristo en las nubes.

El punto de todo lo expuesto en los 5 mundos es cosmovisión, pero es a los primeros 3 a los que me enfocaré para conocer más a fondo la manera en la que se desenvuelven o cuál es su modo de operar en la guerra espiritual.

La Cosmovisión de Cristo y La Entrada De Satanás Al Mundo

Esta es la cosmovisión de Cristo que te enseña cómo fue la entrada de Satanás al mundo y la cosmovisión de las 5 religiones más influyentes.

Una vez manifestada la rebelión luciferina, Jesús dijo:

Lucas 10:18 Y Él les dijo: Yo vi a Satanás caer del cielo como un rayo.

Ezequiel 28 y **Isaías 14** describen su rebelión, destitución y expulsión de Satanás del reino de Dios.

En esta cosmovisión está descrita la forma en que Luzbel es destituido del reino de Dios y cae a la Tierra para poseer a la serpiente:

Génesis 3:1 Pero la serpiente era astuta, más que todos los animales del campo que Jehová Dios había hecho; la cual dijo a la mujer: ¿Conque Dios os ha dicho: No comáis de todo árbol del huerto?

- ✓ La serpiente fue la primera creatura terrenal que fue poseída.

- ✓ Como creatura permitió que Satanás entrara en ella y por eso Dios le dio una maldición.

- De nada le sirvió su astucia porque de todos modos Satanás la engañó para ser el vehículo por medio del cual engañaría a Eva primeramente. Los animales tenían la capacidad de combatir contra algo que pretendiera poseerlos, pero la serpiente se dejó seducir y engañar para lo que finalmente hizo.

Génesis 3:14 Y Jehová Dios dijo a la serpiente: Por cuanto esto hiciste, maldita serás entre todas las bestias y entre todos los animales del campo; sobre tu pecho andarás, y polvo comerás todos los días de tu vida…

Las 5 Cosmovisiones Acerca de Satanás

Se iniciaron en oriente y cada una tiene su posición respecto a Satanás:

- **Judaísmo**
- **Cristianismo**
- **Islamismo**
- **Hinduismo**

✓ **Budismo**

Aunque pueden haber muchas más religiones, quiero concentrarme en estas 5 porque son las principales creadas en oriente y cada una tiene su propia cosmovisión por la misma razón que se originaron en oriente.

1.- LA COSMOVISIÓN EN EL JUDAÍSMO

Satanás es un ser angelical caído que está bajo el control y dominio de Dios para Su propósito; de esa misma manera fue como usó al rey Cyro, al punto que, la Biblia misma dice claramente que Dios lo llama: mi ungido, pero eso fue porque estaba haciendo la obra que Dios quería que hiciera.

1 Samuel 16:14 Y el Espíritu de Jehová se apartó de Saúl, y le atormentaba un espíritu malo de parte de Jehová.

Por eso Satanás tiene que usar argumentos en la corte celestial para solicitar intervención contra una persona porque Dios le tiene limitado su poder. Si caminas en obediencia a Dios, El está contigo, pero si te apartas de Sus caminos, Satanás conoce el régimen jurídico del cielo y es cuando entra en escena en contra tuya, primero con engaños para hacerte creer que estás en lo correcto y con eso terminarte de desviar de la verdad y podrías terminar siendo una total víctima en sus manos.

Eso lo sostienen con la Torah, El talmud de Babilonia, el Talmud de Jerusalén, El Mishna, los libros del Zohar, la Gemara, la Cábala, etc.

El Talmud es un nivel de enseñanza acerca de los demonios pero de manera mágica porque contienen encantamientos, también contiene asuntos místicos como el hecho de quemar candelas blancas o negras. Maldicen personas con el AYIN HA RA o EL OJO MALIGNO. El cristianismo no practica eso.

EL AYIN HA RA

Los judíos por otra parte, no echan fuera demonios, no tienen guerra espiritual como los cristianos porque se desenvuelven místicamente incluyendo la magia. Lo que el judaísmo tiene de místico es obtenido en lo que se conoce como la Cábala lo cual es una sabiduría mezclada que ellos la recibieron cuando Israel fue exiliado a

Babilonia, ahí fue donde mezclaron la sabiduría judía con la sabiduría babilónica dando lugar a la Cábala.

- ✓ Una creencia a este respecto era la capacidad de provocar el mal con una mirada maliciosa o con la mirada fulminante.

- ✓ También creen que con ese **OJO MALIGNO** pueden activar espíritus en contra de otras personas.

La base bíblica la tienen en este versículo:

1 Samuel 18:9 Y a partir de aquel día, Saúl miró a David con malos ojos.

De aquí es de donde se deriva lo que los espiritistas le llaman mal de ojo.

2.- LA COSMOVISIÓN EN EL CRISTIANISMO

- ✓ Es un ángel caído que controla el reino de las tinieblas (**Apocalipsis 12**).

- ✓ Es una creación de Dios y que no fue creado originalmente para el mal (**Ezequiel 28**).

- ✓ La meta es destruir la creación humana y afectar la eternidad del creyente.

- ✓ La destrucción la planifica a través de vicios, ignorancia, pobreza, guerras, posesiones, perversión, confusión mental o identidad.

3.- LA COSMOVISIÓN EN EL ISLAMISMO

- ✓ Satanás se encuentra en el Corán y es un término común para referirse a cualquiera que engaña y es maligno.

- ✓ Ellos llaman Satán a todo aquel que no cree en su doctrina.

4.- LA COSMOVISIÓN EN EL HINDUISMO

- ✓ En el hinduismo no hay ni un sólo Dios a quién adorar, por lo tanto no existe ni un sólo adversario. Ellos solamente creen en sabidurías humanas.

5.- LA COSMOVISIÓN EN EL BUDISMO

- ✓ Satanás es llamado MARA y creen que es un demonio que trae la tentación, el pecado y la muerte.

Hasta aquí puedes ver entonces 5 formas de cosmovisión de acuerdo a la religión que se profesa.

Las 3 Estructuras Más Activas Dentro de La Cosmovisión de La Guerra Espiritual

Dentro de las batallas espirituales, existen 3 estructuras que pueden considerarse las más activas dentro de la cosmovisión de guerra espiritual:

- ✓ **Ángeles caídos**
- ✓ **Demonios**
- ✓ **Espíritus inmundos**

¿Dónde se citan en la Biblia estas estructuras?

Apocalipsis 18:2 (LBA) Y clamó con potente voz, diciendo: ¡Cayó, cayó la gran Babilonia! Se ha convertido en habitación de **demonios**, en guarida de todo **espíritu inmundo** y en guarida de toda **ave inmunda** y aborrecible.

Estas son entidades de maldad que, a través de los tiempos han participado en constantes batallas espirituales; por supuesto que cada una de estas entidades tiene una especialidad y consecuentemente una estructura porque es así como opera el mundo de las tinieblas, por ejemplo; hay estructuras de ángeles que solamente cumplen con esa función, aunque tienen el poder para hacer otra cosa, no lo hacen porque se centran en aquello para lo cual fueron diseñados; por supuesto esto es dentro del reino de Dios, me refiero al ángel Gabriel. Por otro lado está el arcángel Miguel que, siendo guerrero, se sitúa desempeñando lo que le corresponde con el propósito que todo funcione en el orden de Dios.

Hablando del ángel Gabriel y el arcángel Miguel, cada uno de ellos tiene una estructura que se centra en lo que les corresponde y es así como logran una sinergia victoriosa de parte de Dios, uno se dedica a llevar mensajes, revelación, etc., y el otro se dedica a la batalla, porque si ambas estructuras hacen de todo, en determinado momento se pueden perder los mensajes y también las batalla por descuidar cada uno aquello a lo que fue llamado.

En el mundo de las tinieblas también hay estructuras que se rigen bajo la orden de Satanás para que logren desempeñar aquello para lo cual se han puesto de acuerdo; como Satanás es un imitador, ve que los planes de Dios son exitosos y lo imita en poner a sus seguidores en el mismo orden de batalla.

Mundo De Los Espíritus

✓ Creado por Dios antes de la creación humana, antes de la creación visible, fue lo invisible. El mundo de los espíritus se puede considerar como un lugar donde hay actitudes, hay actos, oficios, funciones, acciones, órdenes, planes, proyectos, actas, nombres.

✓ Cuando hablo del mundo de los espíritus, estoy refiriéndome a un tiempo, a una naturaleza, a un lugar, a la creación del vasto y complejo mundo espiritual.

✓ Los espíritus afines a Dios, tienen la solvencia para tener poder sobre otras entidades en sus batallas, no obstante también tiene criterio para saber cuándo y cómo ejercer esa autoridad, por ejemplo: cuando observas en la Biblia la batalla que sostiene Miguel y Satanás; Miguel no profiere ninguna maldición en contra de Satanás, sino que, le dice: …que el Señor te reprenda… no obstante que Satanás está en desobediencia ante Dios, pero de alguna manera puedo decir que tanto Miguel como

Luzbel, pertenecen al mismo ciclo creativo de Dios, son como decir, contemporáneos y lo que Miguel hizo fue respetar a Dios, no condenando a Satanás.

✓ Al mencionar la palabra mundo de los espíritus, estoy hablando de lo complejo que son las creaciones que pertenecen a esa dimensión.

✓ Se refiere a todas aquellas esencias que forman parte de lo invisible; obviamente los espíritus humanos también forman parte de esa dimensión, con la diferencia que en esta ERA, los espíritus humanos en la Tierra, están dentro de un cuerpo físico para poder cumplir con el propósito de Dios.

✓ Existe el cuerpo físico con el propósito de que el espíritu pueda permanecer en la Tierra, de otra manera sería asignado a la esfera celestial. Por eso, los demonios y los espíritus inmundos buscan un cuerpo, con el propósito de poder prolongar su estadía en la Tierra.

La Cosmovisión y Rebeliones De Los Ángeles

Como recordarás, ya expliqué brevemente acerca de los 5 mundos, dentro de los cuales el primero es el mundo de los ángeles.

Tiempos de la rebelión angelical

Apocalipsis 12:4 (LBA) Su cola arrastró la tercera parte de las estrellas del cielo y las arrojó sobre la tierra. Y el dragón se paró delante de la mujer que estaba para dar a luz, a fin de devorar a su hijo cuando ella diera a luz.

- ✓ En este versículo puedes ver que está refiriéndose a 2 tiempos, por un lado describe el momento cuando el dragón arrastró la tercera parte de las estrellas del cielo y las arrojó a la Tierra, después describe en otro tiempo cuando se para delante de la mujer que está para dar a luz. El primer tiempo entonces es de la rebelión de Satanás y se lleva con él los ángeles que estuvieron de acuerdo con él, pero estos son diferentes a los que trabajaban cuando aún era Luzbel, ellos estuvieron de acuerdo a rebelarse desde antes; los ángeles que se llevó con su cola, son otro grupo de ángeles.

- ✓ Existen diferentes tiempos de ángeles, unos tenían la capacidad de permanecer en la Tierra en la naturaleza de la creación de

Dios. Además hizo otra clase de ángeles para que permanecieran en la esfera celestial, pueden descender eventualmente a la Tierra pero no por mucho tiempo; a los ángeles con permanencia en la esfera celestial es a lo que arrastró según el versículo anterior.

- ✓ Un ejemplo respecto a los ángeles con forma humana, lo puedes ver cuando Abraham recibió en su casa a los ángeles que fueron a rescatar a Lot y su familia; eran de la creación de ángeles que podían permanecer en la Tierra.

- ✓ El otro ejemplo que puedo mencionar de los ángeles que no son para permanecer en la Tierra, lo puedes ver cuando Jacob se dirige para encontrarse con su hermano y de pronto se encuentra con un ángel y después de sostener una lucha con el ángel; le dice que lo suelte porque estaba por amanecer. También puedo mencionar que los ángeles con los que Jacob soñó viendo cómo subían y bajaban por una escalera; porque los celestiales no pueden permanecer por mucho tiempo en la Tierra.

La Cosmovisión

Génesis 6:2 (LBA) ...los hijos de Dios vieron que las hijas de los hombres eran hermosas, y tomaron para sí mujeres de entre todas las que les gustaban.

- ✓ Estos ángeles renunciaron voluntariamente aunque no dejaban de estar contaminados porque prefirieron el placer sexual a cambio de abandonar su privilegio de ser ángeles celestiales al servicio de Dios.

Judas 1:6 (LBA) Y a los ángeles que no conservaron su señorío original, sino que abandonaron su morada legítima, los ha guardado en prisiones eternas, bajo tinieblas para el juicio del gran día.

- ✓ Este es otro grupo de ángeles totalmente diferentes a los grupos anteriores porque un grupo se fue con Satanás además de los que ya estaban de acuerdo con él desde antes de manifestar su rebelión, entonces ahí habían 2 grupos; el tercero que estoy mencionando, ya están en prisiones eternas.

¿QUÉ HACEN LOS ÁNGELES CAÍDOS?

- ✓ No posesionan porque se limitan en espacio y tiempo, pueden hacerlo pero no es su principal propósito; si toman un cuerpo, se quedan ahí, pero tienen mayor oportunidad de hacer daño sin posesionar un cuerpo humano. Por eso es un error pretender echar fuera un ángel caído en medio de una liberación, porque no es un ángel caído el que está estorbando a esa persona.

Si una persona está pretendiendo batallar de esa manera, se está poniendo en evidencia que no sabe de guerra espiritual y el ángel caído puede tomar ventaja en ese aspecto y la persona que está liberando, el guerrero de guerra espiritual puede tener un contra golpe por la misma razón que no sabe guerrear espiritualmente hablando.

- ✓ Sólo influencia su rebelión.

- ✓ Ponen cobertura de manipulación y rebelión, como una serpiente que inocula veneno.

EL DISCERNIMIENTO DE LOS ÁNGELES

El don de discernimiento de espíritus

En los equipos de liberación es de gran ayuda los combatientes con el don de discernimiento. Uno de los dones necesarios en el área de liberación, es el de discernimiento de espíritus de los ángeles. No todos tendrán el don de discernimiento de espíritus, pero el que lo tenga, debe ponerlo a funcionar porque para eso se lo entregó Dios; por eso es necesaria la unidad de espíritu, para que al saber que unos tienen un don y otros tiene otro, haya unidad en la guerra espiritual y salir vencedores en el nombre de Jesús.

1 Corintios 12:10 …a otro, el hacer milagros, y a otro, profecía; a otro, **discernimiento de espíritus**; a otro, diversos géneros de lenguas; y a otro, interpretación de lenguas.

El discernimiento producto del conocimiento y la madurez

Por eso señalo que cada uno tiene diferentes dones, regalos que Dios ha permitido porque si uno no tiene el discernimiento de espíritus, puede tener conocimiento y madurez.

Filipenses 1:9 Y esto pido en oración, que vuestro amor abunde aún más y más en **conocimiento y en todo discernimiento**…

Hebreos 5:14 …mas el alimento sólido es para los que han alcanzado **madurez**, para los que por el uso tienen los sentidos ejercitados en el **discernimiento del bien y el mal**.

Nota entonces que es necesario el discernimiento para que haga sinergia con la madurez que es producto del crecimiento espiritual.

Conocer los 3 grupos de ángeles

✓ Los que están activos en el reino de Satanás.

Apocalipsis 12:4 Y su cola arrastró la tercera parte de las estrellas del cielo y las arrojó sobre la tierra. Y el dragón se paró delante de la mujer que estaba para dar a luz, a fin de devorar a su hijo tan pronto como naciese.

✓ Los que están prisioneros en el Tártaro.

2 Pedro 2:4 Porque si Dios no perdonó a los ángeles que pecaron, sino que los arrojó al infierno y los entregó a prisiones de oscuridad, a ser reservados para el juicio;

✓ Los que permanecen con Dios.

Apocalipsis 12:7 Y hubo una gran batalla en el cielo: Miguel y sus ángeles luchaban contra el dragón; y luchaban el dragón y sus ángeles…

También es necesario que disciernas a los ángeles que llegan de parte de Dios cuando estás en medio de una liberación, son ángeles guerreros a favor tuyo.

Ángeles que se presentaron en forma de hombres

- ✓ **Génesis 18:2** Seres angelicales se le aparecen a Abram.

- ✓ **Génesis 19:1** Seres angelicales llegan con Lot.

- ✓ **Génesis 32:1** Seres angelicales se le aparecen a Jacob mientras huía de Esaú.

- ✓ **Hebreos 13:2** Seres hospedados en los hogares.

Dentro de todo esto, lo importante es que sepas que los ángeles no poseen cuerpos humanos porque vendrían a limitar su operación.

La Cosmovisión Y Origen De Los Demonios

Los orígenes de demonios

- Los demonios son espíritus sin cuerpos de una raza preadámica, como parte del juicio que recibieron, perdieron sus cuerpos.

- **Génesis 1:1** En el principio creó Dios el cielo y la tierra.

- **Jeremías 4:23** Miré la tierra, y he aquí que estaba desordenada y vacía; y los cielos, y no había en ellos luz.

- Referencias de la rebelión: **Ezequiel 28, Isaías 14**.

¿QUÉ HACEN LOS DEMONIOS?

- Poseen una fuerza superior al espíritu inmundo, su principal objetivo es matar. Después de haber usado el cuerpo en corto período de tiempo, su segundo paso es destruir, matar.

- Cuando una persona está endemoniada, es necesario que sea liberada porque de lo contrario, el demonio la matará después de haberla usado.

- El propósito de los demonios no es poseer el cuerpo para siempre, sino que, su propósito es cobrarse una venganza ancestral, perdieron un cuerpo de luz que hoy poseen los cristianos.

- ✓ Los demonios vienen desde el mundo que gobernaba Luzbel, ahí fue donde se originó la influencia sobre el mundo de los humanoides, la creación que ellos comandaban antes de su total rebelión.

EL DISCERNIMIENTO DE LOS DEMONIOS

Hablaré un poco acerca de la anatomía de los demonios:

En el Nuevo Testamento la palabra demonio se refiere a lo siguiente:

- ✓ Daimonio: entidad invisible, incorpórea que pertenece a la esfera de espíritus malos o malvados.

- ✓ Son de naturaleza demonio y no de espíritu inmundo.

- ✓ Una importante referencia es que cada vez que en el Nuevo Testamento se habla de un demonio, se utiliza la palabra poseído.

- ✓ Es decir, poseído es por un demonio, pretendiendo enseñorearse en el cuerpo, alma y espíritu; es como tomar control absoluto; diferente a lo que hace un espíritu inmundo porque puede llegar a un área específica del alma o una parte del cuerpo físico, no puede controlar el ser integral, se necesitaría de varios espíritus inmundos para tener el control absoluto de una vida.

- ✓ La manifestación de un persona que está poseída por un demonio, es diferente a lo que hace un espíritu inmundo. El demonio posee a una persona absolutamente, mientras que un espíritu inmundo lo que hace es tenerla en depresión, pero no depresión como una enfermedad, sino que, el espíritu inmundo ya entró en aquella vida, mientras no haya entrado, su operación se llama opresión, lo cual significa que está intentando abrirse paso para entrar a esa vida.

- ✓ Cuando se habla de un espíritu, se dice atormentado por un espíritu de maldad, malo o inmundo.

- ✓ Los demonios no necesariamente necesitan un cuerpo para prolongar su permanencia en la Tierra.

✓ Dentro de todo esto, también es necesario que sepas el hecho que un cristiano no puede ser poseído por un demonio porque su vida le pertenece al Señor Jesucristo, sin embargo puede ser endemoniado, al punto que afecte su cuerpo y su alma y eso mismo hace que lo conduzca a la perversión, aunque para eso tuvo que haber atravesado por una involución, haber llegado a detenerse y empezar a involucionar paulatinamente, eso puede tener una causa, pero el punto es que debe existir una involución.

ETIMOLOGÍA DE LA PALABRA DEMONIO

La palabra demonio se refiere a una entidad maligna que pertenece al mundo preadámico. Uno de los pasajes que usaré es el siguiente:

Salmo 106:37 Sacrificaron a sus hijos y a sus hijas a los demonios…

shed de H7736: demonio, maligno.

shud #7700: raíz primaria; devastar: destruir.

shod #7701: de **H7736**; violencia, furia: asolamiento, despojador, destrucción, devastador, opresión, robar.

De los significados anteriores puedes ver su clase de operación; porque una persona con un espíritu inmundo se manifiesta llorando, tirándose al suelo, hace sus necesidades fisiológicas en frente de los demás, etc., pero el que está endemoniado es diferente, su manifestación es violenta. También puede tomar la decisión de salir y regresar al mismo cuerpo.

OPRESIÓN DEMONIACA

Cuando hay una opresión demoniaca, la mente sufre como una pesadez y es muy difícil la concentración y funciones de una persona porque el enemigo no lo deja.

Angustia mental, un cruel control mental, pensamientos negativos; esto sucede cuando la gente dice que escucharon voces que hicieran determinada acción.

La Cosmovisión y Surgimiento de Los Espíritus Inmundos

Los orígenes de los espíritus inmundos

Son los espíritus de los cuerpos que murieron en el diluvio, raza irredenta en los días de Noé.

Génesis 6:5-7 Y vio Jehová que la maldad de los hombres era mucha en la tierra, y que todo designio de los pensamientos del corazón de ellos era de continuo solamente el mal. **6** Y se arrepintió Jehová de haber hecho hombre en la tierra, y le pesó en su corazón. **7** Y dijo Jehová: Raeré de sobre la faz de la tierra, a los hombres que he creado, desde el hombre hasta la bestia, y hasta el reptil y las aves del cielo, porque me arrepiento de haberlos hecho.

1 Pedro 3:19-20 ...en el cual también fue y predicó a los espíritus encarcelados, **20** quienes en otro tiempo fueron desobedientes cuando la paciencia de Dios esperaba en los días de Noé, durante la construcción del arca, en la cual unos pocos, es decir, ocho personas, fueron salvadas por medio *del* agua.

De los que fueron muertos en el diluvio, parte de los espíritus fueron encarcelados, según Pedro en el verso 19, y otra parte Dios los dejó vagabundear en el segundo cielo y otros fueron a la Babilonia cósmica para guarida:

Apocalipsis 18:2 Y clamó fuertemente en alta voz, diciendo: ¡Caída es, caída es Babilonia la grande! Y es hecha habitación de demonios, y guarida de todo espíritu inmundo, y albergue de toda ave inmunda y aborrecible.

ESPÍRITUS INMUNDOS

- ✓ Los espíritus inmundos pertenecen al rango de huestes, pneuma.

- ✓ Pneuma: espíritus, estos son los que operan como eslabones de cadenas y son de muchas clases de males.

- ✓ Son espíritus de maldad, tienen nombres genéricos, ocupan lugares celestiales, afectan a la humanidad y animales.

Efesios 6:12 Porque nuestra lucha no es contra sangre y carne, sino contra principados, contra potestades, contra los poderes de este mundo de tinieblas, contra las **huestes espirituales de maldad** en las regiones celestiales.

- ✓ Pretenden volver inmundo a la nueva creación de Dios.

- ✓ Su intención es usar el cuerpo del humano con fines inmundos, para ello necesariamente necesitan de un cuerpo humano.

- ✓ Una característica es que no matan al igual que los demonios.

- ✓ Los espíritus inmundos tuvieron cuerpo y ahora quieren volver a vivir utilizando otros cuerpos.

- ✓ Utilizan incluso cuerpos de animales.

- ✓ Regularmente se les facilita la entrada al cuerpo de una persona que tiene debilidades que son compatibles con esos espíritus inmundos, obviamente actos pecaminosos, debilidades por todo aquello que es considerado como pecado.

CARACTERÍSTICA DEL MUNDO ESPIRITUAL NEGATIVO

- ✓ Son comandados por Satanás (**Lucas 11:15**)

- ✓ Poseen regiones especiales (**Marcos 5:1**)

- ✓ Pueden afligir al cuerpo con enfermedades (**Lucas 13:11-16**)

- ✓ Tientan al cristiano con todo lo del mundo (**Mateo 4:10**)

✓ Tienen grados de maldad **(Efesios 6:12)**

Hasta aquí lo que has podido estudiar y aprender, son solamente las bases que ayudan a comprender la cosmogonía y cosmovisión; saber cómo trabaja cada una de estas entidades y podrás identificar de una mejor forma su operación.

La Demonología 101

CAPÍTULO 3

Hablar de demonología, permite tener una óptica acerca de cómo se mueven algunas cosas en el mundo espiritual, por ejemplo:

- ✓ Del tiempo de las entidades, esto permite ver en qué momento entran en acción.

- ✓ Del orden en que operan las entidades, porque debes saber que existen cadenas de operación porque ninguna entidad de las tinieblas opera separadamente, todo lo hacen en grupo y de una forma coordinada, de tal manera que el trabajo que hizo uno, le sirva a otro para continuar una destrucción o dañar una vida, después lo traslada a otro y de esa manera pueden tener mayor eficiencia si no se detecta a tiempo.

- ✓ De las conexiones, esto es para poder identificar quién entrará en ayuda para conformar lo que viene a ser una sinergia, porque son principios que funcionan aunque sea en las tinieblas; entonces es necesario saber cómo es que colaboran entre ellos.

- ✓ De las funciones originales de las entidades espirituales, esto ayudará a ver cuál es el fin por el cual fueron creadas las entidades de las tinieblas, antes que llegaran a ser parte de ese reino y en la rebelión, saber qué les entregaron como parte de su equipamiento, por ejemplo:

➢ Satanás, cuando era Luzbel, dice la Biblia que estaba en el monte santo, se paseaba entre las piedras de fuego, pero cuando lo Dios lo destituye, le quita el rango que había alcanzado dentro del mundo espiritual de la luz, perdió el arma de luz que tuvo para ejercer la función para la cual había sido creado, pero lo que llegó a conocer, todo ese conocimiento se va con él, es con lo que Satanás opera hoy, es lo que se conoce en la Biblia como sabiduría diabólica.

➢ De tal manera que cuando descubres las funciones originales con que fueron creadas las entidades de las tinieblas, ahora siendo seres caídos, no puedes pasar por alto aquello que es inherente en ellos, lo que les quedó lo utilizan para el mal, esa sabiduría diabólica la seguirán usando hasta que les llegue su fin; mientras tanto todos los misterios que conocieron, en el caso de Satanás, los podrá aplicar

> en cuanto a principios para su propio beneficio o en conjunto al reino de las tinieblas.

> ➤ Pero el punto es que, debes conocer esos principios para que no seas sorprendido en guerra espiritual; es ahí donde entra en escena la demonología, para poder detectar su modus operandi.

La Demonología 101

✓ Es la enseñanza ampliada de la demonología clásica.

La demonología tradicional solamente se enfoca en la existencia de Satanás, de demonios y ángeles caídos, generalizando así toda la batalla que la humanidad tiene contra el reino de las tinieblas, pero solamente enfocándola en esas 3 entidades, cuando la realidad es que, es mucho más compleja de lo que la demonología tradicional enseña, porque cuando profundizas en estudiar a este respecto en la Biblia, puedes encontrar por lo menos 16 estirpes, entonces no es solamente hablar de Satanás, demonios y ángeles caídos.

Por eso **Demonología 101** es la enseñanza que hoy fue ampliada en relación al concepto tradicional.

- ✓ Es la cosmovisión profunda del reino de las tinieblas.

Eso significa que tu percepción cambia y puedes ver la necesidad de conocer más porque es más compleja la composición del mundo de las tinieblas, desde el punto de vista bíblico y no necesariamente a la manera de la teología clásica que enseña solamente 3 entidades.

- ✓ Permite ver las rebeliones de entidades espirituales.

Este punto es donde verás por qué razón son tan agresivos, por qué otros son más sutiles, por qué tienen la estrategia que tienen en el sentido de atacar y desaparecer; sus funciones son muy escasas razón por la cual la gente no puede detectarlos, no hay discernimiento, no hay conocimiento a este respecto.

BASE BÍBLICA

Aunque es la base bíblica que utiliza la demonología clásica por lo que dice, también debo hacer mención que por lo regular no describen lo que aquí se menciona o no le toman importancia porque no describe el nombre de Satanás y eso hacía que no le brindaran importancia; pero debo tomarla para que me sirva como inicio en todo lo que desarrollaré más adelante, además también la considero importante por todo lo que ahí dice:

Apocalipsis 18:2 Y clamó con potente voz, diciendo: ¡Cayó, cayó la gran Babilonia! Se ha convertido en habitación de **demonios**, en guarida de todo **espíritu inmundo** y en guarida de toda **ave inmunda** y aborrecible.

Tres Razones De La Demonología

1.- Desarrollar el poder y la autoridad sobre el reino de las tinieblas

- ✓ Cuando se habla de demonología, la gente piensa que se refiere sólo hablar de demonios basados en la etimología de la palabra demonología. La razón primordial es el hecho de tener poder y autoridad sobre el reino de las tinieblas.

- ✓ Debes saber que si conoces a tu enemigo, puedes desarrollar el poder en contra del sistema de las tinieblas, nadie sale a la guerra, aun ni en las convencionales; si antes no estudia a su enemigo porque lo que se busca es tener el elemento sorpresa que el enemigo no espera.

✓ Algunos creen tener la estrategia de guerra pensando que no necesitan estudiar para enfrentarse a Satanás y que cuando lo tengan enfrente le pueden decir: ...quien quiera que seas, te vas en el nombre de Jesús... pero eso no funciona de esa manera; es necesario conocer cómo opera el mundo de las tinieblas y quién es el que está detrás de cada operación para saber contra qué o quién te estás enfrentando.

2.- Tener la capacidad para reconocer la forma de operación de las tinieblas y poder desenmascararlas

✓ Cuando estudias a las entidades del reino de las tinieblas, sean demonios y sus relaciones haciendo alusión a sus orígenes y naturaleza; podrás detectar la ilegalidad con la que operan, porque originalmente no fueron creados para hacer el mal, sino que, a causa de la rebelión con Dios fue lo que les permitió que se inclinaran a lo malo, de tal manera que en ese principio puedes neutralizar un ataque del enemigo al poder declarar ilegal lo que están haciendo.

- ✓ Es importante que aprendas a desenmascarar las operaciones de las tinieblas, pero para eso es importante que tengas activado el don del discernimiento de espíritus así como también poder discernir por medio del conocimiento que hayas adquirido.

- ✓ Un ejemplo que puedo mencionar es la forma en que opera Lilith, el horario en que se manifiesta es de las 3:00 a las 6:00 horas de la mañana, cuando el sueño más profundo está en la persona y lo hace a través de íncubos y súcubos; pero el punto es que nadie podría decir que reprenderá a Lilith durante el día porque su modus operandi es en el horario que señalé.

- ✓ A este respecto he enseñado en los libros anteriores que Dios me ha permitido escribir; ahí lo describo ampliamente, pero solamente para hacer una reseña a este respecto, puedo decir que los íncubos son los ataques de tipo sexual contra la mujer y un súcubo son los ataques de tipo sexual contra el hombre; pero esto puede tener lugar cuando la persona ha caído en la etapa de un sueño profundo.

- ✓ Por supuesto que esto no debe generalizarse, para que sucedan este tipo de ataques debe haberse abierto puertas para que sucedan muchas otras cosas, pero me sirve todo esto para que puedas ver entonces que Lilith opera en determinado horario y si alguien te llega a decir que una persona está siendo atacada por Lilith al medio día, por el discernimiento adquirido a través del conocimiento, puedes decir que no es esa potestad.

- ✓ Otro ejemplo que puedo mencionar con base bíblica, es el momento cuando Jesús llega a la región de Gadara y se encuentra con un endemoniado, cuando le pregunta cuál era su nombre, le responde Legión porque eran muchos. Con eso puedes ver entonces que una legión es una estructura compuesta por 6826 espíritus en una sola persona; eso significa que la guerra espiritual contra una persona, realmente no es contra un espíritu sino muchos, pero además de eso debes saber cómo está conformada esa legión para atacar primero a los de menor rango hasta llegar a la estructura que es el principal que está dirigiendo.

- ✓ Cuando tienes el conocimiento de guerra espiritual, puedes aplicar los principios que te llevarán a la victoria en el nombre de Jesús, pero es necesario que tengas el conocimiento para tener la autoridad. Nota que estoy diciendo que es en el nombre de Jesús, sin embargo también debes saber que según las jerarquías que representan, se requiere que la batalla contra ellos sea con conocimiento y no solamente pelear como darle golpes al aire. Entonces no es solamente de decir que se vaya quien quiera que sea en el nombre de Jesús; no estoy diciendo que el nombre de Jesús no tenga el suficiente poder, sino que, si vas a utilizar el nombre de Jesús en guerra espiritual, debes saber cómo aplicarlo.

3.- Explicar la naturaleza, las funciones, los nombres y jerarquías del reino de las tinieblas, para entonces ser expertos en conocer cada vez más acerca de las entidades contra las que vas a combatir en guerra espiritual

- ✓ Cuando conoces el nombre de una potestad y lo llamas en guerra espiritual, en ese momento empezaste a atarlo; es como decirle que lo identificaste y al identificarlo tienes claro cuál es su esquema de ataque, por consiguiente estás neutralizando su operación, está quedando sin efecto lo que haya hecho porque lo desenmascaraste.

La Etimología De Demonología

El origen etimológico de la palabra demonología lo encuentras en el idioma griego, en la unión de 2 palabras:

- ✓ **Daimon que significa demonio**
- ✓ **Logía que significa ciencia**

Demonología es la ciencia que estudia la naturaleza o las cualidades que tiene un demonio, no solamente cómo opera, sino, conocerlo dentro del mundo espiritual de las tinieblas, aunque la palabra podría estar más relacionada con demonios, incluye espíritus inmundos, ángeles caídos, principados, gobernadores, potestades de maldad.

La etimología te sirve entonces para reconocer y desenmascarar las estrategias de Satanás y sus huestes de las tinieblas.

El enfoque del tema de la demonología

- ✓ Es conocer el origen y estrategia de Satanás y su reino con el énfasis de demonios, espíritus inmundos y ángeles caídos.

- ✓ El término y epítetos de Satanás se mencionan 34 veces en el Nuevo Testamento.

- ✓ La mitad de estos términos se encuentran en los Evangelios y el libro de los Hechos, la otra mitad en las epístolas y en Apocalipsis.

Lamentablemente muchos ministros del evangelio se oponen a enseñar acerca de cómo está constituido el reino de las tinieblas, critican el tema de la cosmogonía, la cosmovisión y lo que es peor, rechazan más el tema de la demonología, cuando en la Biblia está mencionado tantas veces la naturaleza y funciones de Satanás.

Si Dios no hubiera querido que se conociera acerca de cómo trabajan esas entidades, no las hubiera dejado mencionadas en la Biblia; sin embargo dice claramente que no debes ignorar la forma en que estos operan.

Cuando analizas la agenda de Jesús en los 3.5 años de Su ministerio, puedes ver que se dedicó a [1]predicar y enseñar, [2]sanar y [3]echar fuera demonios; eso me deja ver que le dedicó un tercio de Su ministerio a echar fuera demonios, entonces ¿cómo no considerar importante lo que hizo y que dejó como ejemplo para la liberación y sanidad del alma?, por supuesto que hay muchas otras cosas para ese efecto, pero no puede quedar por fuera esa actividad.

Otros nombres de Satanás que revelan su naturaleza y forma de operación

✓ **El acusador (Apocalipsis 12:10)**

Este nombre revela su naturaleza bajo la perspectiva de un fiscal.

✓ **El adversario (1 Pedro 5:8)**

La etimología de la palabra adversario, te lleva a ver que es alguien que se opone en una corte judicial con argumentos para señalar la falta cometida por una persona.

✓ **Apolión (Apocalipsis 9:11)**

Es una entidad preparada para los días de la tribulación, destruye en procesos. En los evangelios se menciona cuando Jesús dice que el ladrón viene para matar, robar y destruir; la palabra destruir es traducida de un término griego que se pronuncia apólumi, de donde se deriva Apolión.

✓ Belcebú (Mateo 12:24)

El príncipe de los demonios, lo llamó Jesús; su especialidad es la religión, ese nombre significa, el señor de las moscas; su característica es muy particular en el sentido de que su modus operandi es a través de los virus; no estoy diciendo que todos los virus sean demonios, sino que, Belcebú opera dentro de toda la gama del nivel de los virus.

El virus lo que hace es que, al entrar a un cuerpo debilita el sistema inmunológico, pero su propósito es llegar hasta la molécula del ADN para cambiar la información original. Belcebú es quien dirige ese tipo de operaciones. Otra característica es que se deriva de la palabra Baal considerado la entidad de mil rostros.

Con esto puedes ver entonces la importancia de conocer todo lo que estás aprendiendo y no tenerlo por menos, aunque tampoco estoy magnificando la operación de Satanás; sino que, es importante conocer cómo opera por todo lo que ya describí.

✓ Belial (2 Corintios 6:15)

La característica de Belial es que reengendra al cristiano convirtiéndolo en impío, injusto. El que es impío está descalificado para estar en la presencia de Dios; el modus operandi de Belial es que el cristiano sea descalificado para ser parte del pueblo de Dios, la Iglesia del Señor Jesucristo.

Uno de los significados de Belial es, el indigno; el problema con esto es que su propósito es hacer que el cristiano se sienta indigno para no acercarse a la mesa del Señor Jesucristo a participar de la Santa Cena. Cuando llegue ese pensamiento, es necesario reprenderlo en el nombre de Jesús porque eso es un ataque de Belial que pretende hacerte volver atrás.

✓ **El dragón (13 veces mencionado en Apocalipsis)**

Esto es un sistema que representa 7 cabezas o principados; cada cabeza tiene un nombre; más adelante podrás aprender quiénes son las 7 cabezas del dragón o lo que representan esos 7 principados.

✓ **El dios de este siglo (2 Corintios 4:4)**

✓ **El príncipe de la potestad del aire (Efesios 2:2)**

✓ **El príncipe de este mundo (Juan 12:31)**

✓ **La serpiente (Apocalipsis 20:2)**

✓ **El tentador (Mateo 4:3)**

Solamente aquí puedes ver las diferentes formas de operar de Satanás y sus huestes, de lo cual Dios las describe en la Biblia para que sea de tu conocimiento y no ser sorprendido en su forma de operar para destruir a la humanidad así como hacer que el cristiano pierda su destino, son 2 cosas diferentes; a ti no puede destruirte porque eres propiedad de Dios, El te compró con precio de sangre y eso no lo pueda superar el diablo, pero su propósito es desviarte de tu destino.

El hecho de tener mayor conocimiento de aquello que es eterno, debe crear en ti un anhelo por aprender cada vez más de lo que Dios quiere que adquieras. Recuerda que Dios es ordenado en todo, entonces es necesario que aprendas cómo batallar, cómo salir a la guerra espiritual para regresar victorioso, recuerda que existe el régimen jurídico de los derechos espirituales que necesitas aprender para no dar como golpes al aire sino que, tu ataque espiritual sea totalmente efectivo.

La Estructura Del Mundo Espiritual

Efesios 6:12 (Amplificada) Porque no luchamos con carne y sangre (contendiendo solamente con oponentes físicos), pero contra los despotismos, contra los poderes, contra **(los espíritus que son maestros o expertos)** los gobernantes mundiales de esta oscuridad presente, contra las fuerzas espirituales de maldad en la esfera celestial (sobrenatural).

Como puedes ver, la Biblia de la versión amplificada dice que el mundo espiritual tiene maestros o expertos en leyes, principios y estrategias de guerra. Este pasaje resalta la organización que mantienen lo cual está relacionado con estructuras, por eso debes tener presente que el mundo espiritual es muy exigente a las leyes jurídicas, se rige por leyes.

2 Corintios 2:11 (VMP) ...a fin de que Satanás no gane ventaja alguna sobre nosotros; porque no estamos ignorantes de sus ardides.

El enemigo con el que diariamente te enfrentas no es un ser ignorante, sino por el contrario; pudo haber aprendido mucho cuando estaba en calidad de querubín, cuando aún era llamado Luzbel; pero ante ese conocimiento, Dios ha permitido que hoy puedas estarte equipando constantemente para que no caigas en las trampas del diablo sino que, puedas desenmascarar su operación de error.

Por eso tu caminar no puede ser el mismo, por supuesto que físicamente tienes los pies sobre la Tierra, pero en cuanto a conocimiento espiritual, estás en un lugar indescriptible que, estando en la dimensión física, puedes interactuar para que haya una repercusión en el mundo espiritual. Con el hecho de estar seguro que eres hijo de Dios, te eleva a un conocimiento de derechos en el mundo espiritual.

El mundo de los espíritus está estructurado, considerando con esto que una estructura es como los huesos del cuerpo humano, cada hueso tiene una función que debe desempeñar para que así haya entonces una conexión y coyuntura.

- ✓ **Estructura significa, con quién está conectado y cómo funciona.**

Satanás tiene conexiones y funciones específicas en sus operaciones; no permite la división en su reino pero opera para que sus ataques produzcan división; por eso no puedes permitir la división en tu casa porque eso es parte de una estrategia de guerra espiritual de parte de Satanás, él conoce el principio de potencialización en la Biblia cuando dice que 1 vence a mil y 2 a diez mil, por eso trabaja lanzando división pero conserva el principio porque al final le puede resultar efectivo si no estás debidamente nutrido en la fe y en el espíritu.

Por esa razón es que al conocer la estructura bajo la que trabajan las tinieblas, sabrás sus funciones; esto es básico en guerra espiritual porque cuando Satanás lanza un ataque, lo hace sobre la base de la seguridad que va triunfar porque tiene todo debidamente planificado, ya estudio las variables que puede encontrar en el campo de batalla y cómo puede contraatacar; por eso es necesario el conocimiento porque es la forma en la que tienes el elemento sorpresa a tu favor y aunque él esté seguro que ganará, puedes derrotar su ataque revirtiendo todo su plan.

Definición de una estructura espiritual

- ✓ Masa de seres: TSABA #6635 o huestes.

- ✓ Masa de seres con capacidad militar.

- ✓ Masa de seres con organización estratégica.

Masa es una agrupación numerosa de seres de la misma naturaleza, muy juntas y formando un cuerpo homogéneo y definido. También es una magnitud que expresa la cantidad de un cuerpo, medida y fuerza con la que actúa.

Génesis 2:1 (LBA) Así fueron acabados los cielos y la tierra y todas sus **huestes (H6635)**.

Estoy describiendo este punto para que tengas una mejor idea de lo que es una estructura que, cuando actúan en unidad, pueden derribar grandes fortalezas. El reino de las tinieblas trabaja de esa forma por eso no debes darle lugar en ningún momento a la división; tampoco estoy diciendo que te conviertas en una persona ecuménica y que hagas alianza con quien no debas; pero en lo que respecta a unirte con los que son homogéneos contigo, tanto en la fe, doctrina, familia, etc., debes hacerlo para alcanzar mayor efectividad, principalmente cuando se trata de derrotar fortalezas de maldad.

Ejemplos de estructuras espirituales

- ✓ **El plural** querubín y/o cherubim es igual a varios ángeles protectores, estructura de ángeles protectores. Bajo el principio que, una palabra que termine en M en el idioma hebreo, está refiriéndose a que es plural o que involucra a muchos.

- ✓ **El singular** es querub y es igual a un ángel protector.

- ✓ **Arcángel** es igual a jefe de ángeles.

- ✓ **Miguel** el arcángel es igual a estructura de ángeles militares.

Con esto puedes ver entonces cómo es que está implícita una estructura en palabras que se identifican en número plural; pero lo estoy dejando debidamente detallado para que tengas la plena idea de cómo están organizadas las estructuras de maldad o de las tinieblas, así como poder tener el conocimiento de cómo poder detectarlas.

El mundo espiritual está constituido por estructuras que si se ignoran pueden dificultar la intervención de un combatiente de liberación espiritual.

Efesios 6:12 Porque nuestra lucha no es contra sangre y carne, sino contra principados, contra potestades, contra los poderes (gobernantes) de este mundo de tinieblas, contra las fuerzas espirituales de maldad en las regiones celestes.

Las estructuras formadas con la tercera parte de las estrellas

La contratación de entidades del mundo "angelología" le permitió establecer una estructura espiritual de las tinieblas.

> ✓ **Sin una estructura no podía ser la potestad peligrosa que representa hoy.**

Mateo 12:25-26 Y conociendo Jesús sus pensamientos, les dijo: Todo reino dividido contra sí mismo es asolado, y toda ciudad o casa dividida contra sí misma no se mantendrá en pie. ²⁶ Y si Satanás expulsa a Satanás, **está dividido contra sí mismo**; ¿cómo puede entonces mantenerse en pie su reino?

La estructura de Satanás vino a ser la cabeza líder de la tercera parte de los ángeles caídos.

Apocalipsis 12:7 (LBA) *Entonces* hubo guerra en el cielo: Miguel y sus ángeles combatieron contra el dragón. Y el dragón y sus ángeles lucharon…

En este versículo puedes ver claramente 2 estructuras:

> ✓ **Miguel y sus ángeles**
>
> ✓ **El dragón y sus ángeles**

Con todo esto es muy entendible que la batalla no es contra el mundo físico, aunque las tinieblas pueden influenciar para que haya gente y cosas que estén en contra tuya, pero básicamente lo que debes saber es que la batalla principal no es con el mundo físico o natural, sino que es contra el mundo espiritual por parte de las tinieblas. De aquí entonces la importancia de tener activados los sentidos espirituales para no ser como la gente del mundo que camina por las calles y no discierne que es lo que se está moviendo a su lado.

Por eso es de suma importancia tener debidamente agudizados los oídos espirituales para saber discernir la voz de Dios porque si El te dice que no vayas a determinado lugar como lo hizo conmigo, deteniéndome por 14 años para que no fuera a cierto país de Latinoamérica; cuando finalmente obtuve Su aprobación, era porque tenía la estrategia, el equipamiento, etc., lo que necesitaba para enfrentar espiritualmente lo que enfrenté pero con la victoria de Jesús por delante.

Es interesante que, uno de los países que más se está abriendo para recibir el conocimiento respecto a guerra espiritual, es México, a pesar que el enemigo ha engañado fuertemente a ese pueblo, Dios está abriendo los ojos a más gente cada día, no solamente para que lleguen a los pies de Jesús para reconocerlo como Señor y Salvador de sus vidas, lo cual es una gran bendición; sino que, también a cristianos que las tinieblas los han tenido engañados bajo un manto de religiosidad, al punto que, algunos han creído que los chamanes son videntes a la manera como lo describí en mi libro: **EL PERFIL DE UN PROFETA**; cuando lo que realmente han hecho es atarse más a las tinieblas, permitir que el adversario los tenga cada vez más sumidos en la mentira.

Pero entonces todo eso ha sucedido porque el conocimiento acerca de la guerra espiritual era escaso, hasta este tiempo, el final de los tiempos que actualmente se vive a diario, Dios está permitiendo que llegue la luz a Su pueblo que está en México, para que las cadenas sean rotas en el nombre de Jesús y que el conocimiento de Dios que va de aumento en aumento, los alcance hasta que se desvanezca la ignorancia acerca de guerra espiritual.

Recuerda que Satanás fue despojado de sus galardones como querubín cubridor, dejó de ser Luzbel, pero tiene mucho conocimiento del cual debes continuar ahondando cada día más para saber cómo combatir espiritualmente y no salir a la guerra espiritual como dando golpes al aire y no lograr debilitar al enemigo. El conocimiento de Dios en guerra espiritual es para que lo conozcas y lo apliques en el momento oportuno.

Las cosas no son como algunos dicen que, no necesitan conocer como operan lo demonios porque la sangre de Jesús es más poderosa; ciertamente la sangre de Jesús es poderosa, pero debes saber dónde y cómo aplicarla para ser cada vez más efectivo en guerra espiritual.

Cuando alguien desconoce que existe la parte jurídica en el mundo espiritual, esa persona se presta para estar buscando contra quién pelear espiritualmente; pero cuando conoces el régimen jurídico de los derechos espirituales, no estás ofreciéndote pelear porque sabes cómo funciona todo esto, haces lo que debes hacer en el momento justo.

No estoy diciendo que si alguien te pide ayuda no lo hagas, pero tampoco es para que salgas airado a darle golpes al aire, porque si lo haces, en ese momento quedarás al descubierto ante las tinieblas, respecto a que aún ignoras muchas cosas que rigen la guerra espiritual.

Si Dios no te autoriza para que vayas a determino lugar a librar guerra espiritual, es porque aún no estás debidamente equipado en esa área; debes esperar a que Dios te equipe y te confirme que estás preparado y que finalmente te envíe porque, será solamente de esa forma como podrás volver con la victoria en el nombre de Jesús.

En el amor del Señor Jesucristo quiero que sepas un punto de suma importante: si eres un líder en la congregación a donde asistes; sin importar en qué nivel estés; tienes la obligación delante de Dios de conocer respecto a guerra espiritual, pero conocerla a fondo, no superficial como para decir que llenaste un requisito y que ya te graduaste aunque no hayas aprendido absolutamente nada porque con esto no se juega ni se presume delante de los demás para pretender ganarte la admiración de la gente.

Debes tener la responsabilidad delante de Dios de lo que Él te ha confiado, del privilegio de poder conocer cada día más y aprender, no desperdiciar la oportunidad, sino que, debes esforzarte porque si eres miembro del ejército de guerreros espirituales de Dios, es para que estés preparado a salir a la batalla en cualquier momento; no puedes empezarte a preparar hasta el día en que te llamaron, sino que, cuando te llamen a la batalla es porque debes responderle a Dios: heme aquí, envíame a mí... pero con la certeza que sabes cómo utilizar las armas de luz que Dios te ha preparado.

Los 4 Niveles De

La Estructura Principal De Satanás

De esto es a lo que me he referido en el versículo de Efesios:

Efesios 6:12 Porque nuestra lucha no es contra sangre y carne, sino contra principados, contra potestades, contra los poderes (gobernantes) de este mundo de tinieblas, contra las fuerzas espirituales de maldad en las regiones celestes.

A continuación describiré en el orden en que son descritos los niveles de la estructura de Satanás, en este versículo:

1.- PRINCIPADOS

- ✓ **Principados (término griego que se pronuncia Arkay o Arche)**

  - ➢ Esto lo que identifica es que son primero en tiempo, lugar y rango, lo cual significa que son los primeros, líderes predominantes, que antecede a otro niveles de dominios.

  - ➢ La palabra principados es igual a cabeza (concepto hebreo).

➢ Los principados son las entidades de mayor rango en la jerarquía militar (**Efesios 6:11**).

Este es el nivel donde se planifican todo, donde se tienen las estrategias de ataque, el que la diseña, define, imparte, son los estrategas en las tinieblas.

La palabra estrategias, proviene de un término griego; stratos, significa ejército, y agein, significa conducir o guiar; se aplica en distintos contextos, por ejemplo:

Una estrategia es un conjunto de acciones planificadas sistemáticamente para lograr determinada misión, es la cabeza de una estructura o de un sistema.

➢ Principados y cabezas se describe como los estrategas.

Ahora bien, en la guerra, ningún general está al frente, sino las tropas, los de ataque, los que tienen la destreza necesaria para guerrear; los generales están en el cuartel planificando los ataques.

De esa manera es como pueden poseer regiones, países, continentes, etc., espiritual y consecuentemente físicamente.

> Opera en los niveles macro y micro.

Ocupan regiones individualizadas como el alma y la mente aunque también donde encuentran un receptor que tenga atmósfera para establecer su dominio; la operación en la mente es en el nivel micro y en continentes en el nivel macro.

> Son guerreros que están adiestrados para destruir.

> Son cabezas de estructuras para atacar a la Iglesia de Cristo.

Los ataques que lanzan en contra de una congregación, no son ataques casuales, sino que, antes de hacerlo, han estudiado esa congregación para saber cuáles son los puntos débiles por donde puede entrar a dañar estructuras. Buscan receptores que puedan servirles como bases militares y que desde ahí puedan establecer atmósferas. Debo insistir que estoy refiriéndome bajo la perspectiva espiritual.

Jesús dejó una referencia a todo esto en la guerra espiritual que libró en la cruz del calvario:

Colosenses 2:15 (BDN) Habiendo despojado a los **principados** y potestades, los exhibió en público llevándolos en su cortejo triunfal.

Colosenses 2:15 (RV1960) ...y despojando a los **principados** y a las potestades, los exhibió públicamente, triunfando sobre ellos en la cruz.

Con esto puedes ver que, cuando Jesús anduvo predicando, también tuvo un tiempo para liberación de espíritus inmundos, espíritus de maldad, peleó contra huestes, autoridades, gobernadores pero al final, en la cruz despojó a los principados; esto es entonces un ejemplo de cuál debe ser el orden en la guerra espiritual.

Si alguien entra en el nivel de confrontación de principados, es porque ha logrado adquirir el conocimiento que lo calificó para poder confrontar esas entidades. El hecho de confrontar potestades es una situación extremadamente delicada, porque no es lo mismo confrontar huestes, confrontar gobernadores a confrontar principados.

El hombre o mujer de Dios que esté siendo usado en las manos de Dios para ese efecto, tuvo que haber progresado en su caminar respecto al conocimiento que necesita de guerra espiritual. Si a estas alturas aún se desconoce de cómo es la batalla contra un principado; es mejor no confrontarlo, es mejor que se empiece como lo hizo Jesús. Cuando logras vencer en el nivel de guerra espiritual donde confrontas huestes, en el siguiente nivel te cambian diablos, te ponen autoridades, si también ahí logras tener éxito, te volverán a cambiar de diablos para que entonces te enfrentes a gobernadores hasta llegar al nivel de confrontar principados.

2.- GOBERNADORES

✓ **Gobernadores (G2888 y su pronunciación es KOSMOKRATOR)**

➢ Gobernantes de la oscuridad, gobernantes mundiales, regidores de leyes espirituales, espíritus manipuladores del liderazgo mundial y eclesiástico; gobernadores, asignados a regiones específicas.

Daniel 10:13 (LBA) Mas el príncipe del reino de Persia se me opuso por veintiún días, pero he aquí, Miguel, uno de los primeros príncipes, vino en mi ayuda, ya que yo había sido dejado allí con los reyes de Persia.

➢ El argumento para que esta entidad entre en escena es la violación de las leyes, en ese momento se les otorga la autoridad para operar; dicho en otras palabras, cuando alguien peca, le está cediendo autoridad a esta entidad para que se levante a atacarlo.

> ### ➢ Es el segundo en rango.

Conlleva al siguiente ciclo creacional por consiguiente pueden ser considerados como los asignados para ocupar el segundo lugar en rangos.

Tienen debidamente identificadas sus estrategias a seguir porque tienen a los principados como los autores de las estrategias, ahora los **KOSMOKRATOS** son los que ponen en práctica todo aquello que se ha diseñado por los principados, diríamos que tienen clara la visión acerca de lo que deben hacer.

Debes considerar que la mayoría de Biblias tienen el tercer lugar a los gobernadores, pero lo correcto es lo que algunas dejaron traducido como tal, me refiero a que está en segundo lugar porque no pueden tener un ataque si no tienen el derecho y para eso necesitan ser conocedores del aspecto jurídico.

> ➢ Ponen en práctica lo diseñado por los principados porque son los que tienen la estrategia de guerra; los gobernadores toman ese diseño y les funciona porque ya lo practicaron o pusieron a funcionar los

principados con el propósito que los de menor rango tengan el éxito deseado.

> ➤ **Especialidad: leyes espirituales.**

Considerando el hecho que existen leyes espirituales, los GOBERNADORES se especializan en esa área y conocen plenamente el momento en que pueden entrar en acción.

Saben bien que una batalla espiritual se define precisamente por el régimen jurídico de derechos espirituales. Utilizan el momento de la violación de determinadas leyes, principios que los hijos de Dios no reconocen, eso les abre la oportunidad para solicitar intervenir una vida.

Por eso es que Dios dejó la salida ante este tipo de situaciones, porque si alguien falla, dice la Biblia que abogado tiene para con el Padre, a Jesucristo el justo, también dice que ante el pecado, la persona debe arrepentirse, confesar y apartarse, de alguna forma con eso puede anular ese derecho que le cedió a la otra persona.

Operaciones jurídicas del gobernador

- ✓ La ley de la habitación del mal: propenso a todo mal.

✓ La ley de la mente: mentalidades formadas.

✓ La ley de los miembros: códigos.

✓ La ley del pecado: cosas que mantiene atado.

¿De qué leyes hablo?

Romanos 7:21-23 (LBA) Así que, queriendo yo hacer el bien, hallo la ley de que el mal está presente en mí. ²² Porque en el hombre interior me deleito con la ley de Dios, ²³ pero veo otra ley en los miembros de mi cuerpo que hace guerra **contra la ley de mi mente, y me hace prisionero de la ley del pecado** que está en mis miembros.

Con estas leyes llegan los gobernadores delante del tribunal de Dios, para argumentar que tienen en su mano los derechos jurídicos para destruirte en el momento en que pecas, para hacer la batalla que inconscientemente activaste.

Vuelvo a insistir; si sabes que tienes alguna situación pecaminosa en tu vida con la que has estado batallando y no puedes vencerla; debes buscar ministración al alma, debes confesarla con un ministro que esté habilitado para ese privilegio, porque con esa confesión estarás quitando los derechos legales para no afectar tu vida ni la de tu familia, seas casado o soltero.

Recuerda que Satanás es estratega de guerra, pero Dios te ha entregado la forma en la que puedas salir victorioso en el nombre de Jesús, solamente debes apegarte a lo que debes hacer y con esto debilitarás los esquemas de las tinieblas, perderán validez.

Puede surgir la interrogante del por qué tienes batallas con situaciones que has cerrado puertas o que ni siquiera las conociste antes y de pronto aparecen como la cizaña de esta cita:

Mateo 13:24-25 (LBA) *Jesús* les refirió otra parábola, diciendo: El reino de los cielos puede compararse a un hombre que sembró buena semilla en su campo. [25] Pero mientras los hombres dormían, vino su enemigo y sembró cizaña entre el trigo, y se fue.

Una explicación a este respecto es que, traes una herencia ancestral de 42 familiares y cada uno de ellos tiene una herencia ancestral de 42 familiares que pueden estar afectando hoy tu vida; no tuviste nada que ver en eso que sembraron en tu vida, pero estás batallando y tienes que encontrar la estrategia para salir victorioso en el nombre de Jesús, ¿cómo?, una forma es la ministración del alma, confesar aquello que parece muy vergonzoso, sea lo que sea, debes confesarlo para que los esquemas de las tinieblas sean debilitados en el nombre de Jesús.

Considera que si no te armas de valor para confesar el pecado que ha sido como un lastre en tu vida, no podrás seguir avanzando; es necesario que tomes autoridad por el respaldo que tienes del Espíritu Santo en tu vida y que camines en el nombre de Jesús en pos de tu libertad, de aquello que te ha estorbado porque si no lo haces, el enemigo conoce tu debilidad y por ahí te atacará hasta destruirte. Una de las arma con las que Satanás suele debilitar al cristiano, es la acusación pero uno de los argumentos a tu favor es el perdón de pecados si confiesas aquello que te ha tenido batallando por años quizá.

En conclusión, lo que el gobernador hace es descubrir si existe violación de las leyes que se deben cumplir, básicamente es el hecho de no pecar; si el gobernador sabe que alguien peca, se presenta en la corte celestial pidiendo autorización al Padre para atacarte.

3.- AUTORIDADES (Exousia)

✓ **Autoridad G1849 y se pronuncia EXOUSIA**

> Autoridades de atmósferas inferiores, ocupan diferentes niveles de autoridad.

Mateo 8:5 (LBA) Y cuando entró Jesús en Capernaúm se le acercó un centurión suplicándole…

Utilizo este versículo como ejemplo porque un centurión era un rango en el ejército romano, era quien tenía autoridad sobre 100 soldados.

> Se caracterizan en su función de tinieblas por niveles de autoridad.

> Son como el vehículo que manifiesta el poder.

> Los principados y los gobernadores necesitan del poder que la EXOUSIA ejerce.

Alguien puede tener poder, pero necesita de la autoridad.

> **Especialidad: saben discernir los niveles de autoridad** que tienen su blanco, si es más poderoso, saben esperar hasta que descienda o su potencialidad sea

menor para que su ataque tenga mayor efectividad.

Operaciones de la autoridad – Niveles

- ➢ Son conocedores para medir las fuerzas del oponente:
    - o Nivel de unidad son 8 espíritus trabajando juntos
    - o Nivel de centuria son 10 unidades – de 80 a 100 espíritus trabajando juntos
    - o Nivel de una corte son 6 centurias – de 480 a 600 espíritus trabajando juntos
    - o Nivel de legión son 10 cortes – de 4800 espíritus hasta 6826 espíritus trabajando juntos
    - o Nivel de ejército son arriba de los 6000 a 10000 espíritus trabajando juntos
- ➢ Con esto lo que estoy mostrando es que existen niveles contra los que podrás

enfrentarte en determinado momento, en la medida que asimiles la enseñanza.

> ➤ Jesús peleó contra 6,826 espíritus de las tinieblas.

Gadareno es un gentilicio de la palabra Gad, eso significa que el endemoniado era un descendiente de la tribu de Gad, nombre que significa tropas; una tropa está compuesta por 100 hombres. Entonces lo que sucedió fue que Satanás atacó a este personaje en el nivel de una legión, pero el gadareno estaba en el nivel de tropa; dicho en otras palabras, Satanás se ensanchó con poderío sobre el gadareno y obviamente no pudo hacer nada.

La Biblia dice que Jesús se movía con 12 legiones de ángeles; cuando liberó al gadareno, el enfrentamiento fue de una legión de Satanás contra 12 legiones de ángeles que tenía Jesús.

Describo todo esto para que veas los diferentes niveles de autoridad y cómo se pueden llegar a enfrentar.

4.- HUESTES (Pneuma)

✓ **Huestes de maldad #G4151 y se pronuncia PNEUMA y la palabra** número **G4190** la cual se pronuncia **PONEROS.**

> Son espíritus de maldad, tienen nombres genéricos, ocupan lugares celestiales, afectan a la humanidad y animales.

Efesios 6:12 (LBA) Porque nuestra lucha no es contra sangre y carne, sino contra principados, contra potestades, contra los poderes de este mundo de tinieblas, contra las *huestes* espirituales de maldad en las *regiones* celestiales.

Operaciones de la hueste

- ✓ Operan según el nombre genérico, por ejemplo: espíritu de maldad, espíritu de enfermedad, espíritu de pornografía, etc.

- ✓ Su forma de operar es en cadena con muchas clases de males, eso los convierte en los más activos, utilizan nombres genéricos.

- ✓ No usan nombre propios, eso sólo es dado a los principados, por ejemplo: el espíritu de esclavitud tiene su estructura de operación:

La Demonología 101

- Alcoholismo
- Drogadicción
- Tabaquismo
- Anorexia
- Bulimia
- Manipulado
- Codependencia
- Adicto al sexo
- Adicto al trabajo
- Adicto a comprar
- Adicto a la televisión
- Adicto a fármacos
- Adicto a la pornografía

Este último problema que describe la estructura del espíritu de esclavitud es más progresivo que los otros quizá; la persona, sea hombre o mujer, que tiene problemas de pornografía, pronto cae en bestialismo, su temperamento es de una persona descontrolada y violenta.

En algunos países se está legalizando el sexo con animales, incluso tienen lugares donde venden animales para ese efecto; pero realmente eso es producto de una mente trastornada e influenciada por la estructura del espíritu de esclavitud.

Efesios 6:12 (Amplificada) Porque no luchamos con carne y sangre (contendiendo solamente con oponentes físicos), pero contra los despotismos, contra los poderes, contra (los espíritus que son maestros o expertos) los gobernantes mundiales de esta oscuridad presente, contra las fuerzas espirituales de maldad en la esfera celestial (sobrenatural).

Nuevamente describo el versículo base para que no lo dejes pasar por alto y lo tengas siempre presente, lo estudies y profundices porque es Dios quien ha dejado ese conocimiento que hoy debes aplicar a tu vida para estar alerta y en guerra espiritual para ser más que vencedor en el nombre de Jesús.

La Esfera De La Demonología 101

CAPÍTULO 4

La cita que he tenido como base para el desarrollo desde el capítulo anterior es la siguiente:

Efesios 6:12 (Amplificada) Porque no luchamos con carne y sangre (contendiendo solamente con oponentes físicos), pero contra los despotismos, contra los poderes, contra **(los espíritus que son maestros o expertos)** los gobernantes mundiales de esta oscuridad presente, contra las fuerzas espirituales de maldad en la esfera celestial (sobrenatural).

Uno de los puntos que debo resaltar en esta cita es el hecho que los enemigos contra los que te enfrentas en guerra espiritual, no son de la esfera física o natural, no puedes verlos con los ojos naturales, razón por la cual también es de suma importancia el hecho que tengas activados los sentidos espirituales, primero porque tu esencia es espiritual; no eres un cuerpo con espíritu sino, un espíritu dentro de un cuerpo, por consiguiente el mundo espiritual no debe ser ajeno a ti sino, debes ser un conocedor de lo que se mueve en el mundo espiritual.

Por supuesto que todo lleva un orden y conforme sigues siendo equipado, tu memoria espiritual y ancestral debe cobrar o recabar todo lo que pudo haber vivido antes de venir a la Tierra, la Biblia misma dice que ya estuviste en la escuela de Dios Padre **(Juan 6:45)**, ahí fue donde te sembraron la semilla de la verdad para que hoy, al escuchar de Jesús, tu corazón brinque de emoción, amor, alegría, gozo, de deseos de aprender más de Él pero para eso es necesario que tu espíritu recobre la memoria de lo que te enseñó Dios Padre porque siendo hijo de Dios, tienes mayor derecho en el mundo espiritual, que cualquier entidad de las tinieblas.

Debes tener presente esto porque cuando ves la cita base que ya describí, dice claramente que las entidades llamadas gobernantes, de las cuales te enseñé en el capítulo anterior; no están practicando guerra espiritual, no están jugando a lanzar ataques en tu contra, no son principiantes que necesitan hacer su práctica para graduarse en maldad; dice ese versículo que, son espíritus maestros o expertos.

Ahora la interrogantes es la siguiente: ¿expertos en qué?, en maldad, en destrucción, muy específicamente esa entidad de gobernantes, son expertos en el área jurídica celestial, de tal manera que pueden causarte un tropiezo y después llegar con ese argumento a la corte celestial para que le aprueben la peor de las tormentas a tu vida.

Por supuesto que Dios te ama y desde antes que inicie esa tormenta a tu vida, Él ya tiene planificado como terminará todo ese proceso porque, en medio de la tormenta, reaccionarás y volverás a los pies de Dios; el espíritu de maldad llamado gobernador, hará su mejor esfuerzo por destruirte con argumentos legales, jurídicos espirituales que tendrá todo el tiempo en la mano; pero tienes de tu lado al mejor abogado que pueda existir, a Jesucristo el justo quien no ha perdido un solo caso en la corte celestial.

La situación está en que es necesario que sigas siendo debidamente equipado, diestro en guerra espiritual y con tu espíritu humano de la mano con el Espíritu Santo, podrás detectar las trampas del enemigo; porque debes recordar que un demonio es quien te hará tropezar y otro estará tomando nota de tu fallo para tener argumento sólido de la acusación que te harán en la corte celestial que ya mencioné; pero si estás alerta en todo momento, no serás víctima de las tinieblas sino que, te verán con el guerrero espiritual del ejército de Dios.

Introduje este capítulo con todo lo que has leído, porque en la esfera de la demonología estudiarás lo siguiente:

1.- Espíritus Meta - Físicos

Tienen la característica de hacer ruidos a través de golpes, mover cosas por los aires y en algunos casos se han materializado hasta el grado de que muchos le han visto.

Job 4:13-19 Entre pensamientos inquietantes de visiones nocturnas, cuando el sueño profundo cae sobre los hombres, **14 me sobrevino un espanto**, un temblor que hizo estremecer todos mis huesos. **15** Entonces un espíritu pasó cerca de mi rostro, y el pelo de mi piel se erizó. **16** Algo se detuvo, pero no pude reconocer su aspecto; una figura estaba delante de mis ojos, hubo silencio, después oí una voz: **17** "¿Es el mortal justo delante de Dios? ¿Es el hombre puro delante de su Hacedor? **18** "Dios no confía ni aún en sus propios siervos; y a sus ángeles atribuye errores. **19** "¡Cuánto más a los que habitan en casas de barro, cuyos cimientos están en el polvo, que son aplastados como la polilla!

La palabra Metafísica proviene del griego "metá" (más allá) y "phisika" (lo físico, lo material), es decir "más allá de lo físico o material".

Por supuesto que estos espíritus no tienen como propósito estar jugando con espantar a la gente; lo que ellos buscan es convertir inmunda la creación de Dios, muy específicamente a los cristianos. Se mueven en forma invisible pero en determinado momento pueden materializarse o tener una especie de combinación entre lo espiritual y lo físico porque siendo invisibles, pueden ejercer fuerza sobre lo físico para lanzar objetos en contra de una persona para lastimarla.

La metafísica es una rama de la filosofía que estudia naturaleza, estructura, componentes y principios fundamentales de la realidad de las cosas; la existencia de un mundo como entidad existencial, como objetos con propiedad en razones de tiempo y espacio.

2.- Espíritus Receptores

Están por dentro y son como pistas de aterrizaje que anuncian al emisor el momento de la puerta abierta en el alma del hombre o la mujer; incluso invita a otros a venir.

1 Reyes 22:21-22 Entonces un espíritu se adelantó, y se puso delante del SEÑOR, y dijo: "Yo le induciré." **22** Y el SEÑOR le dijo: "¿Cómo?" Y él respondió: "Saldré y seré espíritu de mentira en boca de todos sus profetas." Entonces El dijo: "Le inducirás y también prevalecerás. Ve y hazlo así."

En esta cita lo que puedes ver es una asamblea de ángeles, incluso de demonios que no eran de Dios, pero estaban a Su servicio. Es por eso que, aunque parezca ilógico, Satanás en determinado momento puede decir que es siervo de Dios aunque él no lo quiera reconocer, porque todo lo que el diablo hace, al final es para la gloria de Dios porque en medio de la tormenta que desata Satanás, aparece la mano de Dios rescatando vidas.

DINAMICA DE LA COMUNICACIÓN DE LOS ESPÍRITUS

EMISOR

Un espíritu que envía señales de influencia desde los aires.

RECEPTOR

Es algo en el interior de una persona que tiene la **capacidad** o probabilidades de recibir la influencia de un espíritu.

Capacidades: leyes, derechos, ancestros que amplifique la señal.

La única forma de poder tener un reinicio en el alma para desechar toda la influencia de las tinieblas, es por medio de la ministración, la liberación que Dios permita en la vida de una persona para que sea verdaderamente libre.

El término receptores, para algunas personas o creyentes quizá no es muy familiar desde el punto de vista bíblico, sin embargo el principio está en conceptos de la Biblia, de igual forma la palabra cultura, existe en conceptos en toda la Biblia; así mismo puedo decir que está el principio de receptor y de emisor, de hecho en el libro que Dios me permitió escribir titulado, **TRANSFERENCIA ESPIRITUALES**, expliqué ampliamente en el primer capítulo, respecto a lo que son los receptores y emisores o vectores.

En relación a la cita anterior, el receptor era Jezabel, ella recibiría lo que quería escuchar sin importar si era cierto o no; el emisor era el espíritu de mentira, puedo decir que congeniaron perfectamente por su deseo inmediato para ese momento.

Es por eso que las áreas que más frecuentemente los espíritus acechan y afectan dentro del alma o cuerpo de una persona, se debe a que hay algo que los atrae porque tiene activado el principio de receptor. Es como un aparato telefónico, radio o de televisión, recibe la señal que envió un emisor de señales; las señales salen buscando dónde encajar para producir el efecto para lo cual fueron creadas. Es por eso que cuando el alma está dañada o contaminada, es porque Satanás ha hecho una obra de maldad y todo aquello que es pecaminoso, encaja perfectamente en la vida de aquella persona.

LA CONTAMINACIÓN CON RECEPTORES

Los ancestros: cuando se llega a un nivel de iniquidad, es cuando se llega a una contaminación de espíritu que permite se puedan trasladar a la descendencia.

Éxodo 20:4-6 (LBA) No te harás ídolo, ni semejanza alguna de lo que está arriba en el cielo, ni abajo en la tierra, ni en las aguas debajo de la tierra. ⁵ No los adorarás ni los servirás; porque yo, el SEÑOR tu Dios, soy Dios celoso, que castigo la iniquidad de los padres sobre los hijos hasta la tercera y cuarta *generación* de los que me aborrecen, ⁶ y muestro misericordia a millares, a los que me aman y guardan mis mandamientos.

La niñez: el ambiente en el cual se participa, hace que haya receptores ancestrales; participan los padres, participan los hijos, a menos que se llegue a los pies de Cristo y que al llegar haya consciencia de esa herencia para que pueda tener una liberación antes que se manifieste esa herencia; en caso contrario, poderoso es Dios y si hay la suficiente fe en El y Su palabra cuando dice que una persona en Cristo, nueva criatura es; entonces habrá de experimentar un total y verdadero nacimiento en Jesús.

2 Samuel 4:4 (BNC) Un hijo de Jonatán, hijo de Saúl, tenía cinco años; y al llegar de Jezrael la noticia de la muerte de Saúl y Jonatán, le tomo la nodriza para huir con él, y en la precipitación de la fuga le dejó caer y quedó rengo; se llamaba Mefibaal." (Mefi-bóset)

La vida que tuvimos sin Cristo en el mundo:

Efesios 2:1-2 (TKI) Ustedes estaban muertos por sus pecados y actos de desobediencia, ^{2} caminaban en las sendas del mundo y obedecían al gobernador de los poderes del aire, que todavía está operando en los desobedientes.

Lista de algunos receptores:

El enemigo buscará colocar un receptor de cualquier clase para que donde vaya esta persona le persigan siempre estos males:

✓ Temor, muerte, pobreza, sexo ilícito, violación, amargura, depresión, etc.

Santiago 1:14-15 (TKI) En cambio, cada uno es tentado cuando es arrastrado y es incitado por la carnada de sus propios deseos y atrapado. ¹⁵ Entonces, habiendo concebido, el deseo pare al pecado, y cuando el pecado está completamente crecido, pare la muerte.

Es importante que sean destruidos los receptores que Satanás haya querido activar por lo siguiente:

✓ Una vida con miedo, jamás tendrá paz.

✓ Un receptor de muerte estará recibiendo amenazas y siempre estará rodeado de problemas que lo llevarán al borde de la muerte.

✓ El receptor de sexo ilícito lo llevará a seguir pecando y hundiéndose en las tinieblas porque ese tipo de pecado cada vez buscará saciarse de otras formas, es como un potencializador, cada vez quiere más y nuevas cosas.

✓ En el caso del receptor de violación, si no se es libre de ese receptor, en cualquier momento terminará haciendo lo mismo que le hicieron a esa persona porque lleva esa semilla que necesita trasladar a otro.

✓ Con un receptor de amargura no encontrará nunca la felicidad lo cual está asociado con la depresión.

Sin Receptores por dentro:

Cuando el mensaje enviado no encuentra receptor, la transmisión es abortada sin llegar a cumplir la misión del enemigo.

Juan 14:30 (BLA) Ya no hablaré mucho más con ustedes, pues se está acercando el que gobierna este mundo. **En mí no encontrará nada suyo.**

3.- Espíritus Emisores

Estos trabajan como encargados de emitir una señal de tentación, pasión, etc., a la persona que desean afectar. Los espíritus emisores trabajan en unidad con el espíritu receptor.

Receptor: cuando son problemas sexuales, puedo citar el siguiente ejemplo, que por medio de Judá había sido puesto.

Génesis 38:13-16 Y se lo hicieron saber a Tamar, diciéndole: He aquí, tu suegro sube a

Timnat a trasquilar sus ovejas. **14** Entonces ella se quitó sus ropas de viuda y se cubrió con un velo, se envolvió bien y se sentó a la entrada de Enaim que está en el camino de Timnat; porque veía que Sela había crecido, y ella aún no le había sido dada por mujer. **15** Cuando la vio Judá, pensó que era una ramera, pues se había cubierto el rostro. **16** Y se desvió hacia ella junto al camino, y le dijo: Vamos, déjame estar contigo...

Emisor: El viajero, el adulterio.

2 Samuel 12:4 Vino un viajero al hombre rico y éste no quiso tomar de sus ovejas ni de sus vacas para preparar comida para el caminante que había venido a él, sino que tomó la corderita de aquel hombre pobre y la preparó para el hombre que había venido a él.

El viajero es el visitante de los ancestros, es el **espíritu generacional**.

Concepto técnico de la palabra emisores

Es aquella fuente que genera mensajes, información que emite o envía a través de un canal hasta un receptor, perceptor y/u observador.

Un emisor puede ser un aparato, por ejemplo una antena o un emisor humano, por ejemplo un locutor. La palabra **emisora** deriva de emisor, es decir, que emite por medio de las ondas hertzianas.

ESPÍRITU GENERACIONAL

Generaciones ancestrales en la línea de David:

- ✓ **Judá involucrado sexualmente con Tamar (Génesis 38:13-18)**

Los problemas de David:

- ✓ **Pecado sexual (2 Samuel 12)**

Los problemas de los hijos de David:

- ✓ **Absalóm violó las concubinas de su padre David**
- ✓ **Salomón tuvo 1000 mujeres**
- ✓ **Amnón violó a su hermana Tamar (2 Samuel 13:10-15)**

Con esto puedes ver entonces lo que hace el espíritu generacional si no se toma la responsabilidad de romper con toda herencia ancestral antes que se active el gen espiritual lo cual está actuando como un emisor.

Recuerda que Satanás estudia a cada persona y de acuerdo a las notas que ha recabado a través de la historia donde se vio involucrada tu familia ancestral, él sabe que aquello con lo que ellos batallaron, puede activarlo en ti en cualquier momento; por eso en el principio te hablé que los gobernadores son expertos en maldad, ellos son conocedores con muchos años de experiencia; aunque no los estoy magnificando como lo he dicho en repetidas oportunidades, pero es necesario hacer énfasis en esto para que no seas sorprendido en ningún momento.

4.- Espíritus Vectores

Estos espíritus son muchas veces los que después de haber sido expulsados de algún cuerpo, se quedan en la ropa de esa persona para que, en el momento en que esa ropa sea usada por otro que no está afectado por determinado espíritu inmundo; empiece a tener ataques, experiencia que nunca antes había experimentado; peor aun, usa a esa persona como transporte y luego salta a otro cuerpo que tenga la misma área de pecado que tenía la primera persona de donde lo sacaron.

Por eso debes considerar el hecho de no ponerte ropa que sea usada, porque no sabes a ciencia cierta cuál es el caminar de la persona que te la regaló o si la compraste usada, no sabes de quién era y qué espíritus de las tinieblas podrían estar esperando que otro cuerpo use esa ropa para afectarlo.

Entiendo que a veces es inevitable usar una prenda de vestir que sea usada, pero en todo caso lo que deberías hacer es orar, reprender, desautorizar cualquier operación de las tinieblas que esté en esa ropa para que al usarla no te logre afectar.

Judas 1:23 ...a otros, salvad, arrebatándolos del fuego; y de otros tened misericordia con temor, aborreciendo aun la ropa contaminada por la carne.

LOS VECTORES

- ✓ Vector es un término que deriva de un vocablo latino que significa: **que conduce**. Un vector es un agente que transporta algo de un lugar a otro. La definición de vector remite a un término que alude a algo que conduce.

Ahora bien, para poder comprender bajo el punto de vista espiritual, lo que encierra el concepto técnico de un vector, observa este versículo en diferentes versiones de la Biblia:

Judas 1:23 ...a otros, salvad, arrebatándolos del fuego; y de otros tened misericordia con temor, aborreciendo **aun la ropa contaminada por la carne**.

Judas 1:23 (CST-IBS) Salvad a cuantos podáis, arrebatándolos del fuego eterno. Compadeceos de otros, y ayudadlos; pero no os dejéis arrastrar por sus propios pecados, sino más bien aborreced **hasta las ropas que hayan contaminado con sus acciones inmorales**.

Judas 1:23 (DHH) A unos sálvenlos sacándolos del fuego, y tengan compasión de otros, aunque cuídense de ellos y aborrezcan hasta **la ropa que llevan contaminada por su mala vida**.

También debes saber que el equipamiento que estás adquiriendo en este libro, no es para que te conviertas en una persona mística, sino para que tengas un equilibrio entre la vida práctica y la vida espiritual de parte de Dios. Debes cuidar tu vida pero tampoco es para que te conviertas en una persona antisocial porque también dice la Biblia, que si alguien cree estar firme, mire que no caiga; como dando a entender que la posibilidad de caer en alguna falla, está latente.

También dice la Biblia que si alguien dice que no peca, hace a Dios mentiroso; entonces esto es para que te guardes de no caer en una vida de libertinaje de las tinieblas creyendo que eres una persona madura espiritualmente hablando y que no te contaminas cuando compartes un tiempo con gente inconversa en una reunión social. Es necesario que encuentres el equilibrio y le pidas a Dios que sea el Espíritu Santo quien conduzca tus pasos a cada instante.

¿QUÉ PUEDE FUNCIONAR COMO VECTOR?

- ✓ En ropa que se compra usada (idealmente comprar nueva como lo mencioné anteriormente)

- ✓ Muebles antiguos (no sabes quién se sentó ahí, que pasó, para que la usaron, quién fue el dueño, etc.)

- ✓ En joyas (anillos de alguien que murió, a veces anillos de matrimonios que los vendieron después de un divorcio, prendas que sirvieron para pactos sentimentales, etc.)

- ✓ En residencias que fueron ocupadas (se cometió algún crimen, quienes vivían en cierta casa eran practicantes de algún culto de tinieblas, las familias peleaban mucho, etc.), incluso tengo reportes de gente que no aguantó las potestades que se apoderaron de determinada casa y la tuvieron que abandonar porque había participación de espíritus metafísicos.

5.- Espíritus Íncubos y Súcubos

Estos espíritus llegan a tener relaciones sexuales con hombres y mujeres que en determinado momento de sus vidas abrieron puertas a las tinieblas y con esa falla, llegan estos espíritus con argumento legal a ejercer, incluso violaciones. También es necesario saber que estos demonios actúan bajo la influencia de Lilith.

- ✓ **ÍNCUBO:** del latín Incubare, el prefijo **IN** significa sobre y cubare quiere decir acostarse o sea, acostarse sobre o encima. El íncubo es una clase de demonio que toma la forma masculina para tener relaciones sexuales con una mujer. Son los demonios que mientras duermen las personas (mujeres), experimentan primeramente sueños eróticos.

- ✓ **SÚCUBO:** es un demonio que asume la forma de una mujer hermosa para tener relaciones sexuales con un hombre, aunque en realidad solamente adoptan esa imagen pero en realidad son demonios. El nombre súcubos viene de la palabra latina que quiere decir acostarse debajo.

EL ATAQUE DE LOS ESPÍRITUS ÍNCUBOS Y SÚCUBOS

- ✓ Ataca a parejas que no pagan su debito conyugal.

1 Corintios 7:5 No os privéis el uno del otro, excepto de común acuerdo y por cierto tiempo, para dedicaros a la oración; volved después a juntaros a fin de que Satanás no os tiente por causa de vuestra falta de dominio propio.

- ✓ Ataca a solteros (los que nunca han sido casados, están divorciados, abandonados o separados).

- ✓ Los influenciados por pornografía.

Mateo 6:23 Pero si tu ojo está malo, todo tu cuerpo estará lleno de oscuridad. Así que, si la luz que hay en ti es oscuridad, ¡cuán grande no será la oscuridad!

- ✓ Los que practican la autosatisfacción sexual (la masturbación en ambos sexos).

Romanos 1:24 Por consiguiente, Dios los entregó a la impureza en la lujuria de sus corazones, de modo que deshonraron entre sí sus propios cuerpos;

EL MUNDO ESPIRITUAL DE LOS NAHUALES

En el principio de este capítulo pudiste observar las principales entidades de las tinieblas que están a diario viendo de qué forma estorban tu vida; mientras unos planifican, otros estudian la forma legal espiritual que mejor les conviene, otros buscan debilitar, otros atacan de diferentes formas en contra tuya.

Ahora verás cómo es que también existen demonios que pueden posesionar animales, esto lo encuentras desde el primer libro de la Biblia:

Génesis 3:1 (LBA) Y la serpiente era más astuta que cualquiera de los animales del campo que el SEÑOR Dios había hecho. Y dijo a la mujer: ¿Conque Dios os ha dicho: "No comeréis de ningún árbol del huerto"?

Otro momento en el que puedes ver esta situación es cuando el Señor Jesús liberó al gadareno, y los espíritus pidieron entrar a los cerdos.

Lucas 8:33 (LBA) Los demonios salieron del hombre y **entraron en los cerdos**; y la piara se precipitó por el despeñadero al lago, y se ahogaron.

Como lo he señalado en otras oportunidades; a la serpiente no le sirvió de nada ser el animal más astuto, porque de todos modos fue engañada.

Otro ejemplo acerca de que los animales son objeto de blanco de demonios, es esta cita:

Apocalipsis 16:13-14 (LBA) Y vi salir de la boca del dragón, de la boca de la bestia y de la boca del falso profeta, **a tres espíritus inmundos semejantes a ranas**; [14] pues son espíritus de demonios que hacen señales, los cuales van a los reyes de todo el mundo, a reunirlos para la batalla del gran día del Dios Todopoderoso.

Esto no es solamente para ver quién es este personaje escatológicamente hablando, sino que, te permite ver la contaminación de espíritus inmundos y de demonios que se puede dar a través de palabras, a través de la boca de alguien que lanza maldiciones.

Lamentablemente hay mucho pueblo de Dios, Iglesia del Señor Jesucristo que no cree en todo esto, piensan que son parábolas, moralejas, fábulas, etc., no les ha llegado el entendimiento para poder creer que las entidades del reino de las tinieblas también tienen poder, razón por la cual es necesario pedirle a Dios constantemente que abra cada día más el entendimiento y que descienda de Su sabiduría para poder asimilar todo esto porque, aunque haya alguien en tu casa que no lo crea, no por eso lo dejarán de practicar las tinieblas, los brujos lo practican a diario y lo seguirán haciendo independientemente de quién lo crea o no.

LA RAZÓN DE LA POSESIÓN DE ANIMALES

Un animal es posesionado para que opere como un espíritu nahual. Este espíritu nahual se conectará con un hombre que tiene un espíritu de brujería, un chamán, un sacerdote satánico que está influenciado por el nahual.

Otro de los problemas con esta situación es que, los nahuales han traspasado los límites de la sociedad para convencer a gente que es muy influyente en las altas esferas de la sociedad, por consiguiente se han abierto paso de una manera como no lo podrías haber imaginado.

Espíritus Naguales

Este espíritu es el que mora en algunos animales que luego vienen al ser humano, llevándolo a comportarse como tal.

- ✓ Una persona nahual entiende el lenguaje de un animal poseído y habla con él.

- ✓ Un hombre con un espíritu nahual se puede convertir en el animal con quien tiene conexión.

LAS CUNAS ARCAICAS DE LOS NAHUALES

Los brujos, chamanes y sacerdotes de cultos y ritos de las tinieblas, siguen usándolo desde sus cunas arcaicas las cuales son el sur de México, Guatemala, El Salvador, Belice y el oeste de Honduras, Nicaragua y Costa Rica. Podría decir que esto es un reporte de los índices que se ha logrado recabar, sin embargo han trascendido las fronteras de la sociedad para que, desde la cúpula de la sociedad haya una influencia más fácil sobre todo el mundo.

La demonología del tiempo final no es algo que sea nuevo, se ha venido practicando desde tiempos pasados; lamentablemente los equipos de liberación y la Iglesia en general lo han dejado de considerar, lo que ha permitido que las tinieblas avancen sin que encuentren mayor tropiezo.

- ✓ Los brujos y chamanes pueden establecer un vínculo muy cercano con sus nahuales, lo que les da una serie de ventajas que saben aprovechar, por ejemplo:

- ✓ **La visión del gavilán**

- ✓ **El olfato del lobo**

- ✓ **El oído del ocelote**

Estas habilidades pasan a ser herramientas de estos personajes; los más preparados pueden hasta adquirir la forma de sus nahuales.

TRANSFORMACIONES NAHUALES

Tipos y definiciones de las transformaciones

1.- Teriantropía: habilidad de tomar diversas formas de **animales**.

2.- Theriomorphic: una transformación a lo bestia, esta palabra está en Apocalipsis cada vez que se menciona la palabra **bestia**.

El propósito que tienen las tinieblas con todo esto, es que la gente lo vea tan normal que, para cuando se manifieste el anticristo y tenga una manifestación de bestia, nadie quede asombrado sino que, sea transparente para todo el mundo. Por eso puedes ver cómo es que la cinematografía tiene mucha influencia en la niñez y aún en los adultos porque todo esto es parte de un plan diabólico debidamente orquestado para que funcione sin ningún problema.

La teriantropía es la supuesta habilidad de cambiar de forma humana a animal y viceversa.

El término **teriantropía** es usado para describir un concepto espiritual en el que el individuo cree que él o ella tiene el espíritu de un animal, en su totalidad o en parte.

La etimología de teriántropo: parte hombre y parte bestia, el cual proviene del idioma griego.

- ✓ **therion**, significa: animal salvaje o bestia.

✓ **anthrōpos**, que significa hombre.

Los teriántropos existen en las mitologías, evidencias han sido encontradas en antiguos dibujos en cavernas y en antiguos jeroglíficos egipcios.

Otro ejemplo fue que, durante el período de la inquisición del siglo XVI, decían tener documentación sobre la teriantropía en mortales, específicamente refiriéndose a la licantropía (de aquí la película del hombre lobo y Drácula).

La teriantropía vino a convertirse en una creencia espiritual de la transformación animal en 1915. En la actualidad, en México, se le ha dado el nombre de nahuales a los brujos que pueden cambiar de forma, país donde existen muchas regiones con un fuerte movimiento diabólico de los nahuales, aunque también en África, Haití, Cuba, Perú.

CARACTERÍSTICA DEL NAHUALISMO

✓ **JAGUARES:** Chamanes y jefes mayores.

✓ **OCELOTES:** Jefes políticos menores.

✓ **COYOTES:** Hombres más notables.

- ✓ **ZARIGUEYAS:** Gente más común.

- ➤ El nahualismo como creencia perfectamente identificada vinculada a una religión.

- ➤ El nahualismo es una palabra que significa: NAHUAL = BRUJO QUE SE TRANSFORMA, se aplica a los individuos capaces de convertirse en animales.

- ➤ El nahualismo es la relación entre la persona, el animal y la especie a que pertenece.

- ➤ La creencia en el nahual constituye la forma de expresar el lugar del individuo dentro del mundo espiritual y de relacionar su destino con la estructura de poder de la comunidad.

El problema de la ambición de poder, está manifestado en todas partes, de tal manera que también incluye el hecho de querer dominar en las religiones a través de este tipo de actos.

LOS GRUPOS DE NAHUALES

- ✓ **Relación Hombre-Animal:** se da cuando habitantes de una comunidad poseen un mismo animal y mantiene con este, una relación muy estrecha y comparten los mismos rasgos de carácter.

- ✓ **La identidad Nahual:** el animal representa al individuo y la identidad es secreta y no la conocen más que el hombre que lo tiene.

Por supuesto que las tinieblas no tienen nada que hayan creado de lo que puedan decir que son los primeros de alguna situación, lo que si han hecho es tergiversar las cosas para sus diabólicos propósitos. En cuanto a los animales, puedes ver que Dios mismo hace referencia al león de la tribu de Judá, también habla del águila; entonces lo que las tinieblas han hecho es tomar la figura y desvirtuarla totalmente.

Solamente para hacer referencia de otros animales, dice la Biblia que los seres vivientes, uno era semejante a un león, otro semejante a un buey y otro a un águila; el otro ser viviente dice que era semejante a un hombre, entonces puedo decir que solamente aquí está señalando a 3 animales de lo cual, como ya lo mencioné, las tinieblas imitan para desviar a los cristianos.

- ✓ **Los vínculos nahuales:** los individuos poseen un animal con quién se vinculan tan íntimamente que, mantienen rasgos de carácter muy común.

✓ **Relación y forma nahual:** el individuo está relacionado con el animal desde su nacimiento y puede adoptar su forma, aunque en ocasiones puede adoptar otra con el que no había sido asignado desde su nacimiento.

¿Por qué es importante saber acerca de la demonología?

En esta área es importante conocerlo porque eso es un principio de autoridad; conocer es un principio de la efectividad en la liberación.

Los Principios Para La Efectividad

Recuerda que el enemigo no está practicando el hacerte daño; el enemigo tiene un master en daño, destrucción y muerte de cristianos especialmente, la cita con la que inicié este capítulo dice claramente que son maestros, de tal manera que si son maestros es porque le enseñan a otros a que sean como ellos para que en conjunto sean expertos en maldad.

De tal manera que todo lo que estás aprendiendo aquí, debes analizarlo a profundidad y suplicarle al

Espíritu Santo que abra tu entendimiento para que seas diestro en las armas de luz que Dios te ha preparado y seas efectivo en la batalla contra los enemigos espirituales de las tinieblas.

Otro punto que debes considerar es que, con todo esto, no es para que pongas en práctica métodos escritos en un libro; sino que, debes poner en práctica principios de guerra espiritual que son efectivos si logras aplicarlos adecuadamente en el nombre de Jesús.

Por eso debo insistir en que no son métodos, sino principios porque no sucederá lo mismo en cada oportunidad en la que salgas a la batalla, en la que tengas la oportunidad de liberar o ministrar a una persona; cada caso es diferente, el trato que le darás a una persona hoy, es diferente al trato que le darás a otro mañana; sin embargo, el principio es el mismo, por eso no puedes dejarte llevar por un método y que al escuchar un problema vayas a tu libro a buscar qué dice en la línea 5 para aplicarlo al problema, porque no te dará resultado.

Debes saber que de Dios es la victoria y El no necesita de libros, Dios está permitiendo que todo esto quede plasmado en un libro como parte de los principios que debes tener presente en la batalla y que seas efectivo, seas diestro con las armas de luz de parte de Dios.

¿Cuáles son los principios para la efectividad?

1.- Es jurídica: el mundo espiritual opera en un régimen de derechos jurídicos; de esto ya describí el panorama para que puedas tener una mejor comprensión, pero también Dios me permitió escribir un libro que titulé: **EL RÉGIMEN JURÍDICO DE LOS DERECHOS ESPIRITUALES**, en el cual explico ampliamente a este respecto.

No obstante te puedo decir que Dios es jurídico, de manera que Satanás sólo puede afectar tu vida en la proporción del derecho violado; eso le da al reino de las tinieblas ventaja sobre los obreros de liberación. Satanás usará cualquier estrategia o esquema para hacer que te extravíes de la senda de la voluntad de Dios.

En el mundo espiritual se debe tener el derecho de hacer algo:

✓ Cuando una persona no tiene el derecho de hacer algo, lo pierde.

✓ Hablar de derecho me refiero haber sido autorizado o asignado.

✓ Por eso es que se le puede vencer a Satanás, pero también puede ser que él llegue ante la corte celestial con Dios Padre que es el juez justo para solicitar permiso de atacar a una persona que ha violado los derechos jurídico-espirituales, entiéndase con esto: haber cometido un pecado de cualquier tipo.

Se entra al régimen de los derechos por medio de leyes, ordenamientos y mandamientos.

✓ Leyes porque existen los considerandos o antecedentes que requieren de algo que rija lo que no debe volver a suceder, es como poner una limitante ante ciertos actos que no debieron suceder.

✓ Orden porque el desorden no da lugar a las cosas de Dios.

Salmo 119:133 Ordena mis pasos con tu palabra; y ninguna iniquidad se enseñoree de mí.

✓ Principios porque inherentemente tiene constituciones que benefician o autodestruyen. Esto es en relación a la autoridad, si la recibes, debes ponerla en práctica, pero si no, mejor abstente de pretender ejercer una autoridad que no te ha sido delegada.

Las gestiones jurídicas del mundo espiritual:

✓ **La dimensión:** es el tiempo y lugar celestial donde se ordenan los procesos judiciales o las documentaciones jurídicas y espirituales a favor o en contra de tu vida.

✓ **Trámites espirituales:** es donde se ordenan los derechos que abren lugar o no, a intervenciones del mundo de los espíritus.

Lo positivo y negativo es permitido sobre la vida de los cristianos, de cualquier humano o de un lugar, dependiendo de cómo esté siendo conducida su vida o desarrollo.

✓ **La dimensión de las autorizaciones:** es el lugar dónde y cómo se autorizan los milagros, sanidades, liberaciones, protecciones, etc., en los cristianos; es el lugar donde se da la razón de por qué hay gente que experimenta ataques, enfermedades, muerte, calamidades, etc.

2.- Está estructurado: tiene conexiones y funciones (específicos en sus operaciones); Satanás no permite la división en su reino pero opera para que haya división sobre la gente contra la que está atacando o lanzando un ataque.

3.- Tiene niveles: opera en niveles de confrontaciones: guerra, batallas y combates. A continuación te dejaré la descripción que oportunamente he compartido en otros libros:

- ✓ **El término GUERRA**, es donde se encuentran las estrategias y propósitos por los cuales el enemigo desarrolla su plan de tinieblas por medio, precisamente de una guerra espiritual contra el reino de Dios del cual formas parte; en la guerra espiritual es donde está descrita la meta final y es el objetivo de todo el ejército de guerreros espirituales de Dios.

- ✓ **El término BATALLA** es uno de los niveles donde se encuentran los conceptos, las descripciones de aquellas cosas que son de carácter espiritual y que enfrentas constantemente. Cuando notas que la palabra **BATALLA** está basada en situaciones del plural, significa que participan muchos.

Una batalla está enfocada a que sea realizada por los ministros de Dios, donde puedo dirigir a través de decretos, confesiones, estrategias de guerra con el propósito que la persona que está siendo liberada, responda de acuerdo a lo que se está decretando o sugiriendo en ese momento, sin embargo, en este nivel participan muchos, no así como sucede en un combate.

También existe una parte de la batalla en la que te ves más involucrado porque debes realizarla tú, no es necesariamente en forma particular o hacerla en forma aislada, sino que toda una congregación puede ser parte de esa batalla por cuando el término batalla es plural, pero debes participar tú también.

Esto es importante porque muchas de las cosas que conciernen a esa parte de la batalla, no está relacionada necesariamente con espíritus inmundos, no debe existir precisamente demonios o potestades, sino que es una batalla que cada persona está librando internamente y que es entonces una kenosis propia.

- ✓ **El término COMBATE**, es más directo, es de cuerpo a cuerpo; es el momento donde alguien está consciente del estorbo que Satanás ha asignado en su contra, pero esa persona está decidida a enfrentar su ataque y se lanza con todo lo que tiene de parte de Dios para que el enemigo sea anulado en su ataque, para que toda estrategia diabólica pierda efectividad.

4.- Cronológicos: reconocen y aprovechan los tiempos como el nacimiento de una persona, con el propósito que aquello que los ancestros hicieron, sea activado con el que lo está haciendo para estorbarlo oportunamente.

5.- Cíclico: puede repetir los ataques o provocaciones. Cuando hay una liberación, es necesario que sea ocupada y entregarle todo derecho a Dios para que sea El quien la llene totalmente y que haya un verdadero cambio de vida, de tal manera que si el espíritu inmundo vuelve, no encuentre la vida vacía.

6.- Progresivo: usa niveles para establecer otras potestades. Por eso es necesario que tu vida espiritual vaya de aumento en aumento como la luz de la aurora hasta que la luz es perfecta.

La guerra espiritual que has librado y sientes que ha sido difícil, te ha dejado una experiencia y resistencia para llevarte a otro nivel superior, pero ahí habrá otras potestades que buscarán derribarte, por eso debes hacer vida todo lo que Dios te permita aprender.

Introducción al Sistema Espiritual

CAPÍTULO 5

En este capítulo aprenderás la forma en la que el enemigo se abre paso a través de un proceso para que al lograrlo entonces establezca lo que se conoce como modus operandi. Los sistemas espirituales en un proceso, consta de 6 facetas y en cada una es donde estable un modus operandi diferente que a la vez lo hace para operar y que haya sinergia obviamente y vaya en un círculo vicioso, destruyendo cada vez más la vida de una persona.

La Estructura Del Mundo Espiritual

El mundo de los espíritus está debidamente estructurado como los huesos del cuerpo humano que funcionan a la perfección cumpliendo cada uno el propósito por el cual fue creado por Dios. Una estructura tiene un sistema donde hay conexiones, funciones y especialidades, de tal manera que al aplicarlo al mundo de los espíritus del lado de las tinieblas, cada espíritu se conecta uno con el otro desempeñando su especialidad para que esa sinergia cumpla su propósito de maldad.

Como recordarás, la palabra sinergia tiene su origen en un término griego que significa: colaborar uno con otro, de tal manera que también puedo decir que es como eslabones de una cadena que se unen entre sí para lograr un mismo propósito. Por eso, cuando una persona entra a la guerra espiritual, no se enfrentará solamente con un espíritu aunque sea uno el que se identifique o el que identifiques por ser el que está causando el mayor daño; en realidad siempre está conectado con otros con lo cual forman la estructura y así como obtienen la mayor fuerza.

Esto ya lo mencioné en los capítulos anteriores, pero es necesario tenerlo en cuenta porque en el momento en que entras en una guerra espiritual, el primero con el que tendrás un enfrentamiento, es el que comanda a los demás. Además debes recordar que una estructura tiene un sistema donde también hay conexiones, funciones y especialidades de lo cual puedo decir que esa especialidad es lo que un espíritu ejerce sobre alguien, por ejemplo: espíritu de pobreza, espíritu de enfermedad o un demonio.

Definición de una estructura espiritual

También tuviste la oportunidad de ver lo que es la definición de una estructura espiritual desde la perspectiva hebrea, donde plantee lo siguiente:

- ✓ Una estructura es una masa de seres: TSABA #6635 o huestes.

- ✓ Una estructura también es una masa de seres con capacidad militar, es como decir que tienen la capacidad de resistir toda confrontación.

- ✓ Una estructura es una masa de seres con organización estratégica.

¿Qué es una masa?

Es una agrupación numerosa de seres de la misma naturaleza que trabajan unidos, formando así un cuerpo homogéneo y definido. Satanás trabaja en unidad pero opera en división; razón por la cual, una masa o hueste se convierte en una magnitud que expresa la cantidad de un cuerpo, medida y fuerza con la que actúan. Desde el punto de vista humano, como cuerpo, tienes fuerza en los pies, en la manos, en el cuello, etc., todo junto conforma un cuerpo que tiene una medida y fuerza con la que actúa.

Sistemas Del Mundo Espiritual

Un sistema desde el enfoque espiritual, contiene estructuras donde hay rangos, procesos, jerarquías, leyes, principios, etc., pero quiero enfatizar sobre los procesos porque todos necesitan de un proceso; no pueden desarrollarse si no tienen primero un proceso, por ejemplo: nadie cae de la noche a la mañana, las tinieblas tuvieron un tiempo en el cual estuvieron atacando a determinado cristiano durante mucho tiempo antes de su caída, incluso esto puede llevarle décadas donde estudió su comportamiento, su carácter, etc., luego empezó a atacarlo hasta que finalmente lo hace caer en pecado; con esto puedo ejemplificar entonces lo que es un proceso.

Los sistemas en el reino de las tinieblas son el proceso que lleva el establecimiento de la esfera espiritual.

CONCEPTO DE UN SISTEMA

Según el diccionario Webster 1882, es una reunión de cosas ajustadas en un todo. También es un plan entero o esquema que consisten en muchos espíritus conectados de tal manera que crean una cadena de dependencias mutuas.

Bajo este concepto, puedo decir entonces que cuando una persona está bajo la influencia de las tinieblas, no es una entidad y bajo un concepto solamente que lo tiene atrapado, sino que, son varias especialidades, insisto, no es una sola entidad o demonio el que ataca, recuerda que lo hacen en unidad para provocar división y confusión porque son muchas las formas de ataques que puede sufrir una persona.

EL PROCESO DE UNA DIMENSIÓN ESPIRITUAL

La meta de los demonios es llevar a una persona a la dimensión donde opera Satanás, para lo cual existen los procesos, eso es parte del sistema con el que trabaja el adversario.

Cuando una persona está en la dimensión que Satanás quiere tenerlo, es muy difícil sacarlo de ese lugar, no imposible pero sí muy difícil porque es como la parte final de una posesión demoniaca, en el caso de que la persona no sea cristiana o podría ser el caso de un cristiano endemoniado.

Si un cristiano se debilita y no tiene la oportuna ayuda, al caer en una dimensión de Satanás, todo se complica porque permitió que se desarrollara todo el proceso y el tiempo mismo hace que la persona quede sumergida en esa dimensión; insisto en que es difícil humanamente hablando, pero no imposible sacar a una persona de esa dimensión si se hace en el nombre de Jesús.

Otro punto que se debe considerar en este tipo de situaciones, es que, la persona que esté trabajando en esa liberación, debe conocer cómo hacerlo paso a paso para que igualmente sea un proceso de sacarlo de cada una de las etapas del proceso en que las tinieblas lo involucraron hasta llegar a la dimensión donde lo pueda tener Satanás.

Considera que este proceso puede llevar a un persona así como a familias, pueblos, naciones, áreas geográficas que hayan sido conducidos por medio de procesos hasta llegar a la dimensión donde Satanás los quiere tener.

Cuando menciono áreas geográficas bajo la dimensión de Satanás, me refiero a lo que se conoce como la ventana 10-40 la cual es una latitud del mundo que comprende varios países donde el evangelio del Señor Jesucristo es sumamente difícil predicarlo; existe todo tipo de religiones que tienen libertad porque no profesan al Señor Jesucristo, en su mayoría son de descendencia musulmana.

Según datos estadísticos, solamente el 1% son cristianos y por la misma razón, son perseguidos y cuando logran atraparlos, los asesinan, los queman vivos, etc., no dan lugar a que haya Iglesias cristianas, en lugar de eso idolatran animales y dan lugar a muchas cosas menos a la fe en Jesús.

El área geográfica conocida como la ventana 10-40, se dice que es donde Satanás tiene su trono.

Este proceso se completa con 6 facetas que describiré a continuación, en las cuales se establece la condición para la siguiente hasta llegar a una dimensión. Establecer una dimensión es la meta del sistema de las tinieblas porque significa para ellos, el control casi total de una vida, casa o región o zona geográfica.

- ✓ **Atmósfera**
- ✓ **Clima**
- ✓ **Fortaleza**
- ✓ **Cultura**
- ✓ **Sistema**
- ✓ **Dimensión**

Como puedes ver en esta lista, existen 4 fases antes de llegar al sistema y posteriormente está la dimensión, pero antes hubo procesos que se llevaron a cabo para establecer la dimensión del reino de las tinieblas.

También debes saber que este proceso, Satanás lo copio del reino de Dios; porque cuando El establece su dimensión en una persona, familia, nación o región geográfica, todo es posible, si el reino de Dios se establece, ahí habrá liberaciones o la persona que tenga establecida la dimensión de Dios será poderoso o poderosa en liberaciones de alto nivel a favor de otros, habrá milagros, sanidades porque habrá manifestaciones del Dios

Todopoderoso. Una vez que Satanás conoce este tipo de situaciones, lo que hace es copiarlo para ponerlo en práctica el reino de las tinieblas.

En el plano espiritual en general no se puede establecer una dimensión si antes no se pasa por las 5 fases anteriores, porque es parte de un proceso; obviamente que esas fases es necesario explicarlas, pero antes haré un resumen de lo que es cada una de ellas:

¿Qué es una atmósfera?, son condiciones que necesita el mundo de las tinieblas, y se establecen de la siguiente manera: por medio de la respuesta de una influencia espiritual. Una atmósfera sostenida por un período de tiempo, da inicio a un clima creado. Por eso el reino de las tinieblas necesita influenciar desde el ambiente del segundo cielo a familias o personas que están en el plano terrenal; cuando alguien cae en esas influencias, para ellos representa una respuesta que necesitaban para tener el derecho de entrar a la dimensión Tierra.

Es la atmósfera entonces lo que prolongará un tiempo específico de su influencia para preparar el camino y que entonces entre en escena el clima o esa, **un espíritu climático**; obviamente que cuando estoy refiriéndome a una atmosfera de este tipo, es un espíritu atmosférico que no es permanente, es como la atmósfera de un país, en Estados Unidos de América existen 4 estaciones en el año, de igual forma puedo decir que son este tipo de espíritus, llega a establecer condiciones y tratarán de permanecer un período específico, a manera de preparar el ambiente y que entre el espíritu climático; considerando con esto que el clima es permanente del cual puedo decir que sostiene a la siguiente faceta, fortalezas creadas.

Como puedes ver entonces, cada una de esas fases prepara el camino a la siguiente, de esa manera es como se van desarrollando los procesos.

Una fortaleza no es precisamente la que haya tomado control de una persona, sino que, esto se enfoca más a la manera de pensar de alguien, que a la vez la produce el espíritu climático.

Posteriormente está **la cultura**, la cual es la socialización de creencia que se trasmiten. Una cultura es la forma de identificar, según las costumbres de las personas que están influenciadas bajo el mismo espíritu inmundo. Una cultura es un hábito, es una costumbre, por ejemplo: un espíritu de violencia es muy común que prevalezca en ciertas áreas del mundo porque están vinculadas al crimen, tráfico de drogas, prostitución, etc., se identifican con la misma tendencia porque ya se estableció la cultura, es un ambiente que prevalece en la región.

La dimensión se convierte en una magnitud, es el final del proceso donde se encuentran misterios, visiones, secretos y revelaciones; incluso aquí es de donde se levantan los obreros de las tinieblas porque son los beneficiados con lo que esto involucra en determinada región, donde se destaca la función del ocultismo hasta llegar a conocer por nombre a una persona con el título de brujo o chaman; ellos fueron los beneficiados de una dimensión del reino de las tinieblas donde también llegan a conocer los secretos de Satanás porque de alguna forma ellos colaboraron con todo ese proceso para que se estableciera la dimensión.

Por eso las peticiones que hace un brujo a Satanás, son que la región donde vive, se establezca una dimensión, razón por la cual el brujo colabora con el reino de las tinieblas.

Visto desde el punto de vista original, de donde Satanás obtuvo toda esta idea, es que cuando Dios establece a una persona poderosa en revelación de guerra espiritual; la intención es que rompa con esos procesos para que se establezca la dimensión del reino de Dios y combata todo el avance de las tinieblas. Cabe mencionar aquí, que toda esta preparación es para que llegues a ese nivel de guerrero espiritual de parte de Dios y que logres romper con todo aquello que es contrario a la Iglesia de Cristo. Como puedes notar entonces, todo esto es más que echar fuera demonios, es levantarte en el nombre de Jesús como ministros estratégicos para poder destruir ese tipo de dimensiones de las tinieblas.

Todos los continentes tienen obreros de alto rango con la misma intención; pero Dios también tiene siervos Suyos con el conocimiento de cómo romper el avance de las tinieblas y establecer Su reino.

Lo óptimo sería que cada congregación que está legítimamente levantada por Dios, sean el organismo que tiene la solvencia para poder neutralizar todos los efectos del mal en una región o una persona; a eso estás siendo llamado, ciertamente también estás siendo capacitado para otras cosas, pero no puedes conformarte con un nivel porque en Dios siempre habrá más preparación para ti a manera que seas como un aguijón para las tinieblas y que no las dejas avanzar.

¿Qué es una dimensión?

- ✓ En términos generales, aplicado al reino de la luz como al reino de las tinieblas; la dimensión es una magnitud, es un mundo que existe con esferas con ciertos niveles y estados, lo cual es el final de un proceso de revelación que conforma las 6 fases que ya mencioné.

✓ Al final del proceso hay misterios y visiones que rompen con las culturas y costumbres. Lamentablemente en muchos países se ha perdido el temor a Dios, a Su palabra; aunque fueron países que fueron muy bendecidos y pioneros en la evangelización en el continente americano, hoy se ve como países de mucho libertinaje, aún siendo considerados como potencias del mundo, pero sus bases morales y espirituales han sido fracturadas por las tinieblas; incluso las leyes que se están estableciendo van en contra de la moral, van en contra de la ley de Dios; es una agenda abominable a los ojos de Dios.

Eso es lo que han logrado las tinieblas porque han roto con la cultura de gente que eran poderosos en evangelizar, en milagros, sanidades, etc., lamentablemente hoy lo que más creen es en religiones comandadas por Satanás, creen en cualquier cosa, menos en el amor de Dios, en el sacrificio de Jesús para el perdón de sus pecados.

- ✓ La dimensión es un mundo de fuerzas altas y pensamientos profundos en Dios, los cuales Él entrega para que pasen en tu vida. Obviamente que es el mismo proceso del lado de las tinieblas, solamente que ahí es Satanás el que los comanda.

Hasta aquí entonces el resumen que quise dejar plasmado en este espacio; a continuación empezaré a desarrollar la atmósfera espiritual propiamente como parte de los tópicos que conforman este capítulo; lo que es una de las 6 fases que mencioné dentro del proceso que opera en una persona, familia, país o región, aunque si lo has notado, no describí la fase de sistemas espirituales porque el sistema es lo que se desarrolla en todo el proceso de las otras 5 fases.

La Atmósfera Espiritual

Atmósfera es considerado un ambiente, un espacio variable y no permanente como lo plantee anteriormente, es algo que presenta un proceso cíclico. En el plano espiritual una atmósfera es el principio de un proceso que culmina en una dimensión.

Satanás es un experto en manejar atmósferas así como muchas potestades de las tinieblas, razón por la cual es que mucha gente puede estar sufriendo por cosas que pasaron hace muchos años atrás, como si recientemente hubiese sucedido, lo han padecido muchas veces porque es un proceso cíclico que se ha repetido muchas veces en su vida, por esa misma razón es que muchos se preguntan:

- ✓ **¿Por qué no puedo salir de esto?**

- ✓ **¿Por qué no puedo olvidar esto?**

Cuando esto sucede es porque Satanás maneja esa atmósfera para que prevalezca el clima de sufrimiento.

Cuando existe la meta de Satanás para atacar a una persona, el ataque no tiene lugar porque ellos quieren, sino que, ellos lo que buscan es la provocación para tener en su mano el derecho a poder entrar en la dimensión Tierra.

Esto ya lo mencioné pero me es necesario dejarlo plasmado una vez más con el propósito de hilvanar adecuadamente lo que compete en este capítulo; me refiero a que entonces, estando Satanás y su séquito de servidores en el segundo cielo mandan la influencia para que a través de ese engaño, la persona a la que han tomado para ser influenciada, responda a favor de ellos y que con eso se hagan acreedores al derecho otorgado en una corte celestial, para que ellos puedan entrar en escena.

¿Cómo funciona el otorgamiento de derechos espirituales?

Las tinieblas y sus huestes lanzan tentaciones, una tras otras sobre las áreas de aquella persona que le han hecho un esquema, tienen su historial de cosas con las que lo pueden hacer tropezar en pecado. Una vez la persona peca, con eso le están cediendo el derecho a Satanás y sus huestes para atacarlo de una forma más directa, ya no con tentaciones, sino que ahora su ataque es para destruirlo.

Por su puesto que Dios usa cualquier cosa para la restauración de una persona necesitada de misericordia, porque entonces en medio de una tormenta lanzada por Satanás, la persona puede recapacitar y al hacerlo, entonces se arrepiente del pecado, lo confiesa y se aparta, neutralizando con eso la operación diabólica de Satanás.

Satanás y su séquito de siervos no pueden hacer nada a menos que se les otorgue el derecho que reciben en una corte celestial y que se los aprueban cuando ellos presentan argumentos jurídicos válidos para iniciar el ataque y destrucción hacia una persona en plena atmósfera terrenal.

Un ejemplo muy práctico que puedo mencionar es el hecho que cuando un matrimonio tiene problemas porque están trayendo a memoria fallas del pasado, lo que está sucediendo es que se está llevando a la mente los recuerdos de aquella situación que vivieron, de tal manera que uno de los 2 cónyuges empezará a lanzar palabras hirientes al otro, hasta que el otro le responda y eso da lugar a las agresiones, primero verbales pero luego se puede llegar a lo físico hasta que llega el momento en que toman la decisión de destruir su matrimonio divorciándose.

En esa situación lo que sucedió fue que se le dio lugar a un espíritu climático de divorcios que afectará a la siguiente generación y a la siguiente porque como recordarás lo descrito en el libro que Dios me permitió escribir y que titulé **LOS ANCESTROS – LIBERACIÓN DE LA GENÉTICA Y LA EPIGENÉTICA**, de igual forma y como un complemento a este libro también escribí **LA GUERRA POR LA GENÉTICA**, entre ambos puedes encontrar un tesoro de información donde explico ampliamente la herencia ancestral, tanto vertical como horizontal.

Por eso existen familias que tienen el mismo fenómeno de problemas familiares que se ve reflejado en los bisabuelos, abuelos, padres, hijos y de forma horizontal también afecta a parientes como tíos, primos, sobrinos, etc., toda esa situación que tuvo lugar en un matrimonio llega a afectar a otras familias por esa situación que estoy planteando; pero se convirtió en herencia porque no hubo alguien que le diera un tratamiento para romper con esa herencia.

Entonces es un clima que se convierte en una forma de pensar y se convierte en una cultura del mismo problema; situación que se debe considerar en la ministración al alma, porque si bien es cierto que lo primero que debe hacer la persona que se ministra es abrir su corazón para buscar una sanidad a su alma, también es necesario conocer el pasado ancestral que le pueda estar afectando para romper en el nombre de Jesús con ese tipo de cosas.

Por supuesto que de la misma forma como afecta el divorcio de forma ancestral, igualmente lo hace la pobreza, la práctica del ocultismo, problemas de violación, los incestos, la mentira, la pornografía, etc., entonces lo que se debe hacer es investigar si aquella situación viene ancestralmente o es con esa persona que está iniciando.

En el caso de una ministración que necesite de una liberación de emergencia, se debe proceder con lo pertinente; pero la liberación no fue profunda porque no se conoce la raíz del problema, se atendió la emergencia de liberación, pero la persona debe ser consciente de que necesita llegar a la raíz y para eso debe abrir su alma y su corazón en el sentido de entregar los datos que conoce de sus ancestros, a la persona que la esté ministrando porque entre más información se conozca, más efectiva será la liberación y así jamás volverá a ser afectada por la misma situación.

Los resultados de una atmósfera espiritual

- ✓ Una atmósfera espiritual es la respuesta a una influencia espiritual.

- ✓ Esto es lo que busca el mundo espiritual, que alguien desde la Tierra les responda a la influencia que ellos envían para su manifestación.

- ✓ Cuando una influencia espiritual comienza a afectar una atmósfera y permanece por un tiempo, se inicia o crea un clima espiritual. En términos militares, son las primeras tropas que salen a la batalla en una guerra para ganar territorio, desgastando la resistencia del enemigo para que los de alto rango establezcan centros de operación y sus estrategias sean más efectivas.

Esto es importante asimilarlo porque el deseo de Dios es que haya una reacción en pos de cambiar las atmósferas antes de que llegue a ser una dimensión a favor del enemigo.

Para crear una atmósfera se necesita de una respuesta a una influencia espiritual

✓ Las provocaciones

Para crear una atmósfera se necesita de una respuesta a una influencia espiritual, como ya lo mencioné; los métodos que utiliza el mundo de las tinieblas son a través de provocaciones; de hecho una atmósfera se establece por ese medio.

Las provocaciones son la influencia que ejercen para hacer caer en la trampa al creyente, son la producción de una o varias cosas entre 2 o más personas; una persona tiene una idea y la otra tiene una idea contraria o simplemente es diferente y ambos quieren que se respete su idea, lo cual permite que haya rivalidades, envidias, confrontaciones, etc.

✓ Falta de dominio propio como respuesta de la provocación

Un ejemplo a este respecto son las tentaciones que buscan debilitar la fortaleza de una persona.

Lamentablemente las tentaciones son enseñadas en muchas partes con mucha indiferencia como si no fuera una de las armas de las tinieblas en contra de la Iglesia de Cristo, en contra de cada cristiano. La enseñanza más popular es que las tentaciones no son pecado, lo cual es cierto, pero tiene el poder de desgastar la capacidad del razonamiento.

La tentación tiene 3 objetivos:

1.- Manipular los químicos del sistema de recompensa que están en el cerebro, entre ellos está la dopamina.

2.- Crear imágenes en el hemisferio derecho del cerebro.

3.- Afectar y manipular el corazón, siendo así porque dice la Biblia que el corazón puede pensar y de ahí es de donde salen los adulterios, robos, etc., entonces el corazón tiene una función muy importante, no solamente desde el punto de vista físico, sino también en el alma porque es la meta que tienen las tentaciones; pero lo más importante es lo que hace en la parte de la corteza prefrontal del ser humano, ahí es donde está el dominio propio el cual tiene un desgaste por las muchas tentaciones.

Por esa razón es que nadie debe estar viviendo tentaciones en silencio sino que, debe buscar ayuda, de lo contrario empezará el desgaste en el razonamiento humano hasta que la tentación se convierta en pecado. La restauración del desgaste que puede padecer el razonamiento humano, puede llevar hasta 2 años en ser restaurado. El problema es que mientras transcurren esos 2 años, el enemigo seguirá atacando la vida de la misma persona con el propósito de seguirlo debilitando.

Es importante discernir las provocaciones para no caer en la trampa del diablo porque el espíritu atmosférico lo que busca es abrirse paso a través de provocaciones; además que la falta de dominio propio es el factor para que haya la debilidad necesaria y que después de un período de tiempo de haber permanecido, entonces entra el espíritu de la faceta clima a establecerse en un lugar que puede ser de carácter generacional.

✓ **Las tentaciones que buscan debilitar la fortaleza**

Las tentaciones buscan debilitar la fortaleza que en ese momento existe, lo hace a través de la excitación de un deseo de manera intencionada (sexual), hostigamientos constantes para que haya lugar a una respuesta negativa, provocación que lleva a la acción o palabra que provoca irritación o enfado.

La provocación de las tinieblas dibuja la respuesta negativa, lleva la ingeniería o diseño de la provocación, en otras palabras, ellos saben cómo o cuál será la respuesta y esperan por ella.

La provocación la inicia el sistema de las tinieblas para crear una atmósfera

1 Pedro 5:8 (NVI) Practiquen el dominio propio y manténganse alerta. Su **enemigo** el diablo ronda como león rugiente, buscando a quién devorar.

La palabra enemigo, según el diccionario Vine, la identifica con el código G476 y dentro de sus definiciones dice la siguiente:

Se usa también para denotar a un adversario o a un enemigo, sin referencia a asuntos legales, y es posible que este sea el sentido en 1 Pedro 5:8, cuando se usa del diablo. Algunos consideran que la palabra se usa en este pasaje en sentido legal, ya que el diablo acusa a los hombres delante de Dios. **(Diccionario Expositivo Vine)**

Por eso la versión que utilicé dice que debes practicar el dominio propio con el propósito de ser sobrios, estar alerta, que haya templanza porque en la fase atmósfera, la batalla es con una potestad que es como león rugiente y toma ventaja al ver que el cristiano no tiene dominio propio.

¿Qué crea el espíritu atmosférico?

- ✓ La atmósfera espiritual crea las condiciones.

- ✓ La atmósfera de tinieblas se mantiene con ciclos, por períodos de tiempos para dar lugar a un clima de tinieblas.

- ✓ La atmósfera de tinieblas por ser de naturaleza variable, cambia constantemente y no es estable, es cíclico creando así ciclos de males, de problemas.

Atmósfera: es considerado un ambiente, un espacio de operación, una condición apropiada para la manifestación.

La fórmula de las repeticiones

- ✓ **Las atmósferas** de tinieblas, tienen la fórmula de la repetición de las cosas negativas pero cada vez en un mayor nivel, con mayor fuerza; hasta que algo hace que se tome la decisión de cambiar la dirección, el rumbo, el patrón repetitivo o el ciclo.

- ✓ **Los ciclos** son la tendencia de no poner atención la primera vez a las cosas malas, negativas o dañinas en la vida de una persona.

- ✓ Las cosas con las que no batalles desde un principio, en orden de vencerlas, se vuelven cíclicas y cada vez más grandes.

- ✓ Las repeticiones de males se llaman ciclos.

- ✓ Sin embargo existe lo que sustenta los ciclos, son los las atmósferas espirituales.

La falta de entendimiento es la causa de la frustración

Lo que más puede causar gran frustración en la vida de un cristiano, es batallar con problemas repetitivos y no tener ni idea del por qué; es decir, males, vicios, adicciones, enfermedades, problemas económicos, familiares y morales. Los problemas repetitivos pueden afectar directa o indirectamente a los cristianos.

¿QUÉ ES UN CICLO?

Un ciclo es la secuencia de un evento o secuencias de conductas que tienen un inicio, un desarrollo pero no se finalizan, de manera que continúan repitiéndose.

También se trata de la secuencia de etapas que atraviesa un suceso de características periódicas y del grupo de fenómenos que se reiteran en cierto orden.

Los Ciclos De Las Atmósferas Espirituales

✓ Las cosas negativas que se repiten, en la siguiente oportunidad, se harán en mayor intensidad, aunque puede ser que la secuencia inicial sea anual, después será mensual, posteriormente semanal hasta que llegue sin volverse a ir lo que da lugar entonces a un problema crónico porque lleva la influencia de un síndrome porque reúne el conjunto de conflictos y problemas que dan lugar a las batallas.

Por eso es que cuando una persona está en una dimensión de Satanás, es muy difícil sacarla de ahí, por supuesto que para Dios no hay imposibles, pero tiene su grado de complejidad cuando se está batallando en pos de salvar esa vida.

- ✓ Se dará en niveles más altos, más potente y más fuertes.

Ejemplo bíblico de problemas crónicos

A continuación puedes ver un pasaje de la Biblia que te permitirá comprender la angustia que tiene un creyente cuando nota que sus batallas son cíclicas:

Salmo 13:2 (R95) ¿Hasta cuándo tendré conflictos en mi alma, con angustias en mi corazón cada día? ¿Hasta cuándo será enaltecido mi enemigo sobre mí? **3** Considera y respóndeme, oh SEÑOR, Dios mío; ilumina mis ojos, no sea que duerma el sueño de la muerte; **4** no sea que mi enemigo diga: Lo he vencido; y mis adversarios se regocijen cuando yo sea sacudido.

Mucha gente sin detectarlo sigue repitiendo la misma respuesta incorrecta a los ciclos de su alma y eso ha establecido de manera sólida un patrón que se repetirá toda su vida hasta que llegue el oportuno socorro de lo cual puedo decir que con esta cita tendría lugar una ministración al alma por la forma en que inicia y como concluye.

Paráfrasis personal de la cita anterior

¿Hasta cuando estaré batallando con lo mismo como un hombre que no hace cambios en su vida y se coloca en el mismo lugar siempre y sin avanzar?

Lo que el salmista intenta decir es, que cada vez que el alma es angustiada por lo efectos de un ciclo, se paraliza y deja de hacer los propósitos de Dios.

Por eso es necesario que cuando se detecte algo que está siendo anormal en tu vida, te detengas y busques ayuda, consulta con un ministro de Dios y si es posible, ministra tu alma abiertamente, recuerda que a la luz de Jesús, las obras de las tinieblas son desenmascaradas y pierden validez. Solamente hay 2 caminos: la luz y las tinieblas; en las tinieblas trabaja Satanás, en la luz a la que perteneces en Jesús, tienes libertad.

La Atmósfera Espiritual

CAPÍTULO 6

Como podrás notar, algunos de los temas centrales de este libro, contienen mucha información y por la importancia que cada uno conlleva, consideré que es más provechoso, tanto espiritual como didácticamente hablando, el hecho de tener la más amplia explicación en cada uno de los tópicos que pueda conformar cada capítulo de este libro, aunque en determinado momento podría verse como una redundancia; pero realmente mi propósito es que tengas la amplia explicación para que no haya lugar a ningún tipo de dudas, razón por la cual retomaré algunos puntos de lo que expliqué en el capítulo anterior.

Empezaré entonces exponiendo el proceso que forma una dimensión de lo cual como recordarás, está conformado por 6 fases:

- ✓ **Atmósfera espiritual**
- ✓ **Clima espiritual**
- ✓ **Fortaleza espiritual**
- ✓ **Cultura espiritual**
- ✓ **Sistema espiritual**

✓ Dimensión espiritual

Cada una de las fases tiene la particularidad de abrirle paso a la siguiente hasta llegar a la sexta fase, una dimensión espiritual. Establecer una dimensión es la meta del sistema de las tinieblas porque para ellos, el hecho de tener el control de la vida de una persona, significa poderla manipular según sean sus planes, no solamente para destruirla, sino a los que están cerca, por eso el control es para 1 persona, 1 familia, 1 país o región geográfica.

Es necesario que tengas muy claro lo que sucede en el sistema espiritual porque en la dimensión espiritual donde es Satanás es el que está a cargo, todo es posible para él, de alguna manera puedo decir que todo lo que él disponga, lo puede hacer; por supuesto que sin magnificar a Satanás, sino que, debo explicarlo de esta manera porque en su dimensión él dispone aunque no a espaldas de Dios, sencillamente lo hace porque obtuvo el derecho jurídico, por supuesto que obtuvo ese derecho a través de engaños que tuvieron lugar por todo un proceso que expliqué ampliamente en el capítulo anterior.

Otro punto que no puedo dejar de mencionar es que cada una de las fases descritas, tiene su propio modus operandi; desconocerlas puede ser catastrófico, consecuentemente es la incapacidad de discernir el reino de las tinieblas, por eso mismo debes considerar esto como una base que debe quedarte sólida en cuanto a aprendizaje se refiere, porque cuando eres llamado a una ministración, esto es lo primero que se debe discernir en el modus operandi de cada una de estas fases.

El Proceso Que Forma Una Dimensión

Aunque es necesario que aprendas cómo se define cada una de estas fases, te describiré brevemente cada una de modo preciso:

- ✓ **Atmósfera = Condiciones**: es la respuesta de una influencia espiritual.

- ✓ **El clima = Ambiente**: es lo que sostiene las fortalezas creadas.

- ✓ **Fortaleza = Mentalidades**: las fortalezas o forma de pensar producen culturas.

- ✓ **Culturas**: es la socialización de creencias que se transmiten.

- ✓ **Sistemas**: es establecer estructuras espirituales, las cuales tienen conexiones con especialidades en las diferentes regiones.

El mundo de los espíritus está debidamente estructurado, un ejemplo que puede servir mucho es el hecho de imaginar el sistema óseo del cuerpo humano porque cada hueso tiene una función específica que debe cumplir a cabalidad con el propósito que el hueso con el que tiene una conexión, tenga igualmente la oportunidad de desenvolverse con la finalidad por la cual ocupa el lugar que tiene dentro de todo el sistema óseo.

Así mismo cada espíritu en el reino de las tinieblas tiene una especialidad que le sirve al que está a su lado haciendo así una sinergia, aunque negativa pero al final se cumple el principio; son cosas que las tinieblas no inventaron sino que, copiaron del reino de Dios.

Cabe mencionar que la palabra sinergia, proviene de un término griego que significa, colaborar uno con otro; los espíritus de las tinieblas al colaborar entre sí, pueden lograr mucho daño porque al final el principio se cumple.

Cuando se cumple con lo establecido en esta faceta, puede darse lugar a lo siguiente:

✓ **Dimensión = Magnitud**: es el final del proceso.

Para poder anular una dimensión que está afectando a una persona, debe conocerse el modus operandi de cada una de las fases anteriores para saber cómo neutralizar los procesos y las articulaciones que existen entre ellas porque no puede existir una dimensión si no existen las 5 facetas anteriores.

Las Atmósferas Espirituales

Proceso de crear atmósferas espirituales de las tinieblas

Una persona que responde a una influencia espiritual, crea una atmósfera que requiere que sea sostenida por un período de tiempo para su desarrollo.

Satanás es un experto en administrar atmósferas, por eso es que hay gente que puede estar sufriendo cosas que le sucedieron hace muchos años atrás, pero lo sienten como si el problema hubiese sucedido recientemente.

Por eso es que los espíritus de las tinieblas que no están autorizados para entrar a la dimensión Tierra, necesita que haya una persona que le abra la puerta, para lo cual lo que ese espíritu hace es una provocación desde el segundo cielo. Cuando la persona cae en esa trampa de forma inconsciente, le abre la puerta y al establecerse, lo que ese espíritu busca es mantenerse por un tiempo apropiado para preparar el ambiente al espíritu climático; esto a su vez tiene la repercusión en la persona a manera que el problema empieza a funcionar de manera cíclico, primero en períodos largos acortándose eventualmente hasta que el problema se establece de forma permanente en la persona.

Cuando esto sucede es porque Satanás maneja esa atmósfera para que prevalezca el clima de sufrimiento. Satanás siendo Lucifer, fue el ministro de la cultura, por eso hoy continúa afectando el comportamiento y costumbres de la gente. Una de las metas de este ministro caído es introducir la cultura de corrupción y esclavitud entre la gente.

Cuando ya se ha iniciado una atmósfera espiritual de las tinieblas y se ha sostenido el tiempo suficiente; el siguiente paso es que se crea un clima espiritual y continuará hasta ser una dimensión de tinieblas.

He insistido en mencionar el proceso para llegar a una dimensión de tinieblas porque cuando logras discernir lo que está sucediendo en el ambiente y conoces acerca del modus operandi de cada faceta, lo que corresponde es que trabajes en pos de invalidar ese proceso para que no avance al siguiente, **¿cómo lo invalidas o lo detienes?**, por medio de decretos, de ayuno, en oración, en adoración a Dios, etc., cuando ves que inician los primeros conflictos, no debes esperar más, es hora que te levantes en el nombre de Jesús para que puedas combatir rechazando todo dardo encendido de las tinieblas.

El mayor problema puede ser cuando una persona desconoce el modus operandi de las tinieblas, porque inconscientemente les responde favorablemente, con lo cual se les permite establecer la atmósfera espiritual de tinieblas.

Una de las formas de saber en qué parte del proceso general está situada una persona, es cuando preguntas el tiempo que tiene determinado problema en su vida y dependiendo de la respuesta, podrás discernir el tiempo que ha tomado el reino de las tinieblas para desarrollar el proceso y así saber si finalmente llegó a la faceta de dimensión espiritual de las tinieblas o saber en qué faceta se encuentra.

- ✓ Otra de las formas de verificar los procesos, es que una dimensión se sostiene por un sistema, un sistema por una cultura, una cultura por una fortaleza, una fortaleza por un clima y un clima por una atmósfera.

Todo esto que he repetido de diferente forma, es de suma importancia porque es parte de la preparación, del equipamiento de un guerrero espiritual en el final de los tiempos y no sea en la base de un fanatismo desequilibrado o de una superstición, sino que tengas debidamente establecidos los principios bíblicos de todo esto, de tal manera que no pueda venir Satanás con vientos de falsa doctrina a quererte mover del lugar donde hoy Dios te está cimentando en Su verdad.

Hasta aquí puedo decir que estoy cerrando con un amplio resumen que necesito entrelazar con lo siguiente que son los ciclos.

Los Ciclos De Las Atmósferas Espirituales

Los ciclos de Israel en el período de los jueces

En la Biblia el mejor ejemplo de males cíclicos fue el período de apostasía de Israel durante los días de los jueces que duró 320 años; con esto puede ver lo fuerte de una atmósfera. Para que un ciclo de males exista, necesariamente necesitó un principio, algo por dónde empezar.

Jueces 2:11-14 (LBA) Entonces **los hijos de Israel hicieron lo malo** ante los ojos del

SEÑOR y sirvieron a los baales, **12** y abandonaron al SEÑOR, el Dios de sus padres, que los había sacado de la tierra de Egipto, y siguieron a otros dioses de *entre* los dioses de los pueblos que *estaban* a su derredor; se postraron ante ellos y provocaron a ira al SEÑOR. **13** Y dejaron al SEÑOR y sirvieron a Baal y a Astarot. **14** Y se encendió la ira del SEÑOR contra Israel, y los entregó en manos de salteadores que los saquearon; y los vendió en mano de sus enemigos de alrededor, y ya no pudieron hacer frente a sus enemigos.

Una de las entidades más fuertes con las que ha tenido que batallar Israel y que aún permanece, es baal. Como puedes notar en la cita, lo describe como baales, en plural porque es un dios que tiene 1000 rostros por cuanto tiene muchas manifestaciones.

Para comprender el modus operandi atmosférico de lo que vivió Israel, puedes investigar en la Biblia la forma en que se desarrolla o el modus operandi de cada manifestación de baal lo cual podrás ver que es totalmente diferente una de la otra,

Ahora observa Jueces 2:11 en otra versión de la Biblia:

Jueces 2:11 (TKI) Los hijos de Yisra'el hicieron lo maldito a los ojos de YAHWEH y sirvieron a los baalim .

Nota entonces que la influencia que Israel tenía de los espíritus de las tinieblas desde las atmósferas, estaba haciendo que ellos, o sea los espíritus de las tinieblas, pudieran tener el derecho otorgado por Dios; una vez que ellos finalmente cayeran en la trampa de Satanás. Dicho en otras palabras, los espíritus de las tinieblas hicieron tropezar a Israel, de tal modo que se hicieran acreedores a una maldición, pero no fue que Dios los descuidara, sino que, por razones del régimen de derechos espirituales, la gente que falla y con eso le abre la puerta al mal.

De hecho la Biblia es muy enfática en lo que dice:

Proverbios 26:2 (LBA) Como el gorrión en *su* vagar y la golondrina en *su* vuelo así **la maldición no viene sin causa**.

Entonces no es que Dios quiera el mal para alguien, sino que la misma gente es la que activa la maldición por sus acciones, por hacer lo malo delante de Dios; ahí es donde está la falla en el mundo espiritual y se activan cosas que nadie imaginó que podrían suceder.

Jueces 3:7 (LBA) Y los hijos de Israel hicieron lo malo ante los ojos del SEÑOR, y olvidaron al SEÑOR su Dios, y sirvieron a los baales y a las imágenes de Asera.

Según la Biblia, en este versículo puedes ver que es la segunda vez que los hijos de Israel hicieron lo malo.

Jueces 3:12 (LBA) Volvieron los hijos de Israel a hacer lo malo ante los ojos del SEÑOR. Entonces el SEÑOR fortaleció a Eglón, rey de Moab, contra Israel, porque habían hecho lo malo ante los ojos del SEÑOR.

Aquí puedes observar que el ciclo ya está establecido; en las primeras 2 citas los hijos de Israel estaban haciendo lo malo, era el espíritu atmosférico abriendo brecha, llega el ataque al pueblo de Dios y lo repite con mayor fuerza para que después sea establecido ese ciclo.

Otros versículos en los que puedes encontrar a los hijos de Israel haciendo lo malo, pero con esa palabra que permite ver lo cíclico del problema, son estos:

- ✓ Volvieron hacer lo malo: **Jueces 4:1, 6:1, 10:6 y 13:1.**

A continuación encontrarás una estadística obtenida a la luz de la palabra, de los años y bajo quiénes estuvo Israel mientras sostuvo la influencia cíclica de los espíritus de las tinieblas:

Los hijos de Israel Volvieron a hacer lo malo

- ✓ Jueces 3:7-9
Por 8 años
Libertador: Otoniel

- ✓ Jueces 3:12-14
Por 18 años
Libertador: Aod

- ✓ Jueces 4:1
Por 20 años
Libertador: Débora

- ✓ Jueces 6:1
Por 7 años
Libertador: Gedeón

- ✓ Jueces 10:6
Por 18 años
Libertador: Jefté

- ✓ Jueces 13:1

Por 40 años
Libertador: Sansón

En cada uno puedes notar los años que estuvo el pueblo de Dios bajo influencia de las tinieblas, hasta que llegaba el libertador de parte de Dios, pero nuevamente caían en la misma influencia demoníaca hasta que llegaba el siguiente, pero quiero resaltar la cantidad de años entre uno y el otro, porque no fueron semanas o meses, lo cual igualmente era demasiado; fueron años de influencia.

LOS CICLOS DE ISRAEL HACIENDO LO MALO

El tiempo de duración de las batallas consideradas crónicas de Israel fueron de 320 años;

101 años de batallas crónicas:

- ✓ 8 años
- ✓ 18 años
- ✓ 20 años
- ✓ 7 años
- ✓ 8 años
- ✓ 40 años

Esto es además del tiempo que hicieron lo malo lo cual por 219 años, un total de 320 años de batallas crónicas por causa de los ciclos de pecados no rotos; para ser más específicos, desde el año 1370 hasta el año 1050 antes de Cristo.

¿EN QUÉ CONSISTÍAN LOS CICLOS?

✓ **La apostasía**

✓ **La opresión**

✓ **El lapso de duración (tiempo) de la consecuencia**

✓ **La liberación**

Y luego se seguía repitiendo el ciclo.

Con esto puedes ver entonces la importancia de describir ampliamente la faceta de la atmósfera o el espíritu atmosférico, porque sin la atmósfera que crean, no pueden ejercer ninguna influencia.

También puedo decir que, aquí es cuando se debe investigar el vínculo ancestral familiar, porque puede tener lugar un ciclo de carácter generacional. Cuando hay una herencia de ese tipo, puede tener serias repercusiones en las familias de hoy y que no sepan el por qué no logran levantarse de la pobreza o de cualquier otra situación a la que incluso, la gente se puede acomodar, pensar que vino a la Tierra para ser pobre y se debe conformar con eso al no saber el por qué, cuando la realidad es que todo se debe a una herencia ancestral.

Es por eso que muchos de los ciclos en el alma, son situaciones que se grabaron por actos ilícitos de los ancestros y que han llegado de generación en generación hasta tus días. De aquí entonces puedes ver también que el enemigo se toma el tiempo necesario para articular debidamente lo que necesite hacer para destruir una persona, familia, nación o territorio geográfico.

Un ciclo es algo que no se le ha dado una finalización, obviamente por eso es ciclo o cíclico.

Las dimensiones del ciclos:

- ✓ Ciclo generacional / influyendo en lo ancestral

- ✓ Ciclo familiar / influyendo directamente en la familia

- ✓ Ciclo personal / toma a una persona pero afectando a la familia

ENTENDIENDO LOS CICLOS

Para entender lo que es un ciclo, es importante saber que es un conjunto de cosas que llevan una secuencia de conductas.

Lo normal seria:

- ✓ Primero - un inicio
- ✓ Segundo - un desarrollo
- ✓ Tercero - un final
- ✓ De manera que se anula cualquier intento de una repetición y como consecuencia de un ciclo.

Lo anormal:

- ✓ Primero - un inicio
- ✓ Segundo - un desarrollo
- ✓ Tercero - no tiene un cierre o una finalización y por eso se repite
- ✓ De manera que al no finalizar una situación, se repetirá para que se convierta en batallas crónicas.

A continuación verás un pasaje bíblico que es muy fuerte, pero necesito exponerlo con la intención de ver lo que significa repetir los males:

2 Pedro 2:22 (LBA) Les ha sucedido a ellos según el proverbio verdadero: EL PERRO VUELVE A SU PROPIO VÓMITO, y: La puerca lavada, vuelve a revolcarse en el cieno.

- ✓ Este Proverbio se usó para describir los problemas del pueblo que repiten los mismos malos.

- ✓ Denota las batallas que ya llegaron a lo crónico.

El Síndrome De Las Batallas Crónicas

Síndrome: se caracteriza por agrupar diversos síntomas que caracterizan a determinada enfermedad. Describe al grupo de fenómenos propios de una situación específica.

Batallas: es un combate entre dos o más fuerzas espirituales; podría decirse que una batalla es una etapa o un enfrentamiento que se produce en el marco de un conflicto bélico mayor como una guerra o una campaña militar; es decir, las guerras se forman por una serie de batallas, todo bajo el punto de vista espiritual.

Cabe mencionar en este punto que, cuando estás en medio de una guerra espiritual, enfrentas diferentes potestades, en cambio en una batalla, es una serie de situaciones donde la intención es desgastarte para que al llegar a la guerra no tengas recursos espirituales para batallar. Recuerda que es diferente un combate, una batalla y una guerra espiritual; esto lo he explicado ampliamente en los capítulos anteriores.

LAS DIFERENCIAS DE LAS BATALLAS

✓ **Batalla típica:**

- Tienen un inicio y un fin
- Son de corta duración
- Algunas finalizan por si solas
- No son cíclicas

✓ **Batallas crónicas:**

- Su fin no puede predecirse
- Son de larga duración
- Hay que finalizarlas
- Son cíclicas

Hablar de batallas crónicas es hablar de cosas irreparables, de manera que la persona está como estática, sin poder avanzar, sin mejorar, sin seguir adelante porque siempre se repite el conflicto.

DEFIENIENDO LAS BATALLAS CÍCLICAS

- ✓ Las cosas con las que no peleas para vencerlas desde un principio, se vuelven cíclicas y grandes más tarde, esta es la propiedad de lo cíclico, se repite pero con mayor intensidad y con menor intervalo entre una batalla y la otra.

- ✓ Las cosas se repiten y se vuelven cíclicas porque la gente no le pone atención la primera vez que acontecieron. Si logras detectar el momento cuando se inicia un problema y lo combates a manera de neutralizarlo totalmente para que quede sin el potencial de volverse a levantar, aquello no regresará. En caso contrario, si la persona lo deja pasar, se repetirá hasta convertirse en algo de carácter crónico.

- ✓ Los ciclos son la tendencia de no poner atención la primera vez a las cosas negativas.

Atmósferas Espirituales

Nadie podrá cambiar la atmósfera que lo oprime si no conoce el proceso de evolución que tiene el sistema, porque recuerda que es un proceso de 6 facetas: atmósfera, clima, fortaleza, cultura, sistema y dimensión.

- ✓ Una atmósfera sólo cambiará por cambiadores de atmósfera que disciernen el espíritu que influencia el ambiente y lo remplaza por un espíritu correcto.

- ✓ El cambiador de atmósfera es uno que no está dispuesto a estar en una atmósfera contraria y la gobierna remplazándola por una nueva de parte de Dios.

- ✓ El cambiador de atmósfera debe ser uno que está limpio o se mantiene en constante limpieza o la recupera al perderla, para estar solvente para cambiar la atmósfera que las tinieblas están tratando de establecer en los diferentes lugares que he mencionado.

Un ejemplo que puedo citar para que tengas la idea de lo que puede lograr un cambiador de atmósferas, es el hecho de que el lugar conocido como Las Vegas, era parte de un desierto y de pronto un cambiador de atmósfera desértica, lo convirtió en un lugar turístico aunque lleno de perdición; pero el punto es ver en un mapa, Las Vegas como si fuera el lunar de un cuerpo, resalta en medio del desierto.

TRANSFORMADORES DE ATMÓSFERAS NEGATIVAS

Benjamin – Bugsy – Siegal (Williamsburg, Nueva York, 28 de febrero de 1906 – Beverly Hills, California, 20 de junio de 1947), fue un gánster estadounidense del crimen organizado judeoestadounidense. En los años 30´ y 40´, Siegel era conocido como uno de los gánster infames y más temidos de su época.

Creador al desarrollo de Las Vegas y del primer gran hotel de la ciudad, el famoso Flamingo, inaugurado el 26 de diciembre de 1946.

Convirtió el desierto de Nevada en un oasis en el desierto.

Este personaje es el claro ejemplo de alguien con intenciones lucrativas abominables, pecaminosas; y aquel terreno que nadie hubiera pensado que tendría el fruto que alcanzó, él lo logró. Ahora bien, eso es en lo negativo, eso es parte de lo que las tinieblas copian del modelo divino de Dios, porque así como ese personaje pudo cambiar la atmósfera de aquel lugar; ahora tú puedes cambiar atmósferas de tinieblas, en atmósferas de luz el lugar donde estás o el lugar donde Dios te envíe a que cambies las atmósferas.

Las atmósferas espirituales de tinieblas

- ✓ Una atmósfera es la respuesta a una influencia espiritual que viene de los lugares celestiales.

- ✓ Cuando se ha desarrollado la influencia espiritual, una atmósfera a dado inicio en un lugar.

- ✓ Una atmósfera es el requisito para crear un clima.

- ✓ Cuando una atmósfera ha iniciado, el siguiente paso es crear un clima.

Una atmósfera que prevalece por largo tiempo crea un ambiente (clima) para un lugar o región.

El Clima y La Fortaleza Espiritual

CAPÍTULO 7

Una de las estrategias que utiliza Satanás es el hecho de avanzar por etapas o fases como lo describí en los 2 capítulos anteriores, empezando por una atmósfera hasta llegar a lo que es una dimensión, etapa en la que el adversario puede servirse de todo cuanto quiere y tiene para proyectarse en contra de la vida de una persona, pero antes debe pasar por 5 facetas de las cuales, una prepara el escenario a la otra o le facilita su ejercicio para que pueda entrar en funciones.

En este capítulo empezaré por describir la siguiente cita:

Ezequiel 21:21 Porque el rey de Babilonia se ha detenido en la bifurcación del camino, al comienzo de los dos caminos, para emplear la **adivinación**; sacude las **saetas**, consulta con los **ídolos** domésticos, observa el **hígado**.

Los 4 puntos que resalté en este versículo, están implícitas en los primeros 4 puntos del proceso de la dimensión:

- ✓ **Atmósfera** = adivinación
- ✓ **Clima** = sacude las saetas

✓ **Fortaleza espiritual** = consulta con los ídolos domésticos

✓ **Cultura espiritual** = observa el hígado

Los sistemas espirituales están implícitamente en todo el desarrollo, por eso no la tomo en cuenta y la dimensión espiritual no la considero porque es la meta, o sea, someter a una persona a la dimensión en la cual Satanás puede proyectarse con todo para su destrucción.

Entraré entonces en el desarrollo propiamente de este capítulo:

Clima Espiritual

Es el conjunto de condiciones que caracterizan la situación o la circunstancia que rodea a una persona o lugar, marca situaciones y temperatura en un lugar de manera permanente.

Un clima espiritual entra al escenario porque la atmósfera espiritual preparó el camino para su establecimiento; un clima otorga estabilidad a los problemas o a las intervenciones de entidades de las tinieblas de manera permanente.

Una potestad no puede llegar a dañar a una persona de forma repentina, necesita del proceso correspondiente; empieza hasta que llega a su punto final donde a través de ese proceso ha logrado establecerse y debilitado a la persona.

También debes considerar que, una vez el espíritu atmosférico tuvo su dinámica actuación y completó su trabajo, como decir también que preparó el camino al siguiente espíritu o faceta; ese espíritu sale porque ya hizo su trabajo y permite que el siguiente haga lo que le corresponde.

Esto puede parecerse a lo que hizo Juan el Bautista con Jesús, debes recordar que el reino de las tinieblas imita todo lo que sucede en el reino de Dios; vio lo que sucedió entre Juan el Bautista y Jesús, entonces toma el modelo y lo pone en práctica porque sabe que le funcionará.

Lo que Jesús vino a hacer como parte del plan divino fue que, estableció un clima diferente, una forma de pensar diferente y el reino de Dios con el propósito de establecer la dimensión del reino de Dios donde todo es posible porque es el reino de Dios. Entonces lo que sucede es que el reino de las tinieblas lo pone en práctica y le funciona pero de forma negativa.

Los resultados de un clima espiritual

✓ Un clima espiritual es aquello que produce la temperatura en una región, casa, congregación o una vida de forma permanente para que ese sea el problema que siempre estará como una enfermedad que no sale de una familia, primero lo tiene un miembro y después pasa a otro miembro de la misma familia.

Un ejemplo que puedo citar a este respecto es este versículo:

Lucas 11:24 (LBA) Cuando el espíritu inmundo sale del hombre, pasa por lugares áridos buscando descanso; y al no hallarlo, dice: "Volveré a mi **casa** de donde salí."

Cuando investigas la palabra **casa**, encontrarás que está refiriéndose a una casa familiar o alguien con el mismo código genético o de la misma línea sanguínea; eso significa que cuando el espíritu inmundo regresa, no llegará precisamente a la misma persona de donde salió, sino que, puede buscar a otro miembro de la familia que esté en la misma casa o tenga el mismo código genético.

De esa misma forma es como trabaja el espíritu climático, porque busca establecer la misma temperatura espiritual de manera permanente.

> ✓ Un clima espiritual de las tinieblas hace que lo bueno sea malo y lo malo sea bueno.

Con esto puedes ver entonces que ese espíritu busca, no solamente hacer permanente un problema sino que, cambiar el orden a manera que esté a favor de lo que ese espíritu busca. Un ejemplo a este respecto lo puedo tomar de Génesis 1:1-2 porque Dios hizo los cielos y la Tierra, pero no lo hizo desordenados, sin embargo el versículo 2 muestra entonces la manifestación de este espíritu porque lo que busca es alterar el orden al punto que dice la Biblia que la Tierra estaba desordenada y vacía, había caos, ese era el clima.

> ✓ Un clima espiritual es lo que sostiene las fortalezas creadas.

El espíritu de fortaleza espiritual puede continuar con su trabajo porque su antecesor pudo desempeñar adecuadamente lo que le correspondía lo cual es mantener a una persona, familia o región en el mismo mal de forma permanente para que sea desarrollada una mentalidad negativa, pensando y considerando que en aquella vida no puede llegar nada bueno.

Aquí es donde tiene lugar la mentalidad de la forma de pensar por lo que las religiones tradicionales establecieron en muchos países que, hasta el día de hoy muchos sean considerados como países del tercer mundo donde el problema es el analfabetismo, la religiosidad, ignorancia, etc., pero entonces todo eso es lo que conforma una fortaleza mental que un espíritu climático desarrollo y que es necesario revertirlo en el nombre de Jesús en pos de la libertad de la persona que esté siendo afectada.

- ✓ Los climas forman los ambientes de división familiar, tensiones entre personas bajo un mismo techo, ambientes de inestabilidad, de temor, odio, quejas, acusaciones, etc.

- ✓ En esta fase, al sistema de las tinieblas lo único que le interesa es que exista una persona que mantenga el clima del conflicto, ambientes donde es imposible la armonía.

- ✓ Los climas se rompen cuando los involucrados notan que un espíritu comienza el clima y otro le da fuerza cayendo en la trampa.

Ejemplos De Enfermedades Climáticas

Una vez que has visto la teoría de lo que es el clima espiritual o el espíritu climático; permíteme mostrarte algunos ejemplos en la Biblia, de personas que estuvieron con ese clima, hasta que llegó su liberación:

1.- La batalla crónica de 12 años

Lucas 8:43 (LBA) Y una mujer que había tenido un flujo de sangre por doce años y que había gastado en médicos todo cuanto tenía y no podía ser curada por nadie,

Todos los días tenía que ver, sentir, pensar, batallar con el mismo problema, eso es crónico, es climático, es un problema permanente durante 12 años:

- ✓ 12 años son 4320 días con el problema = 360 días x 12 meses calendario hebreo

- ✓ 12 años son 4383 días con el problema = 365.25 x 12 meses calendario gregoriano

Esto significa que los males que desgastan físicamente (debilitan), emocionalmente (entristecen, desaniman, enojan, deprimen), económicamente (había gastado en médicos), espiritualmente (no podía acercarse a ninguno y si era descubierta, era considerada inmunda).

2.- Otra mujer con batallas crónicas de 18 años

Lucas 13:11 (LBA) ...y había allí una mujer que durante dieciocho años había tenido una enfermedad causada por un espíritu; estaba encorvada, y de ninguna manera se podía enderezar.

Aquí puedes ver a una mujer que estuvo 18 años peleando contra un espíritu de enfermedad.

De acuerdo a las estadísticas planteadas, puedes ver entonces que el espíritu climático también hace uso de otra entidad que desgastaba su economía, porque ahí está implícito el sistema compuesto por estructuras que a su vez tiene conexiones donde hay funciones y ahí hay especialidades.

Debes tener muy claro todo este concepto porque si vas a hacer combatiente de liberación, necesitas conocer el modus operandi de las tinieblas para poder desenmascarar las obras de las tinieblas. Recuerda que en el caso de la mujer del flujo de sangre, tuvo que ser una persona acaudalada por cuanto vivía en Capernaúm, una ciudad considerada como una ciudad económicamente fuerte en aquel entonces, pero lo había perdido todo a causa de su enfermedad.

Considera también que, por cuanto este tipo de entidades no trabajan solos, invitan a otros, en el caso del espíritu climático, llevó a la mujer del flujo de sangre, un espíritu de debilidad y enfermedad para que actuaran en contra de ella en espíritu, alma y cuerpo porque por eso es un sistema donde hay estructuras, conexiones, funciones y especialidades como lo es la debilidad y la enfermedad con algo muy específico traído por el espíritu del clima que hace permanente un problema.

3.- La batalla crónica de mucho tiempo

Lucas 8:26-27 (LBA) Navegaron hacia la tierra de los gadarenos que está al lado opuesto de Galilea; 27 y cuando Él bajó a tierra, le salió al encuentro un hombre de la ciudad poseído por demonios, y que por **mucho tiempo** no se había puesto ropa alguna, ni vivía en una casa, sino en los sepulcros.

Las batallas crónicas del gadareno significan: problemas personales (vicios, adicciones, pecados sexuales, carácter, etc.), familiares (división familiar, desacuerdos), económicos (falta de ingresos, no provisión, necesidades profundas) y espirituales; pero lo que quiero resaltar es que, cuando dice, **mucho tiempo**, deja ver que el problema fue prolongado, lo que se convierte entonces en batallas crónicas.

Una batalla crónica no afecta solamente a la persona que lo está padeciendo en forma directa, sino que, alcanza el núcleo familiar, hay desequilibrio en los integrantes de la familia. Por eso, cuando el gadareno fue liberado, quiso seguir inmediatamente a Jesús, pero El le dijo que regresara a su familia porque debía llevar de lo que había recibido.

4.- Las batallas crónicas desde la niñez

Marcos 9:17-18 (LBA) Y uno de la multitud le respondió: Maestro, te traje a mi hijo que tiene un espíritu mudo, [18] y siempre que se apodera de él, lo derriba, y echa espumarajos, cruje los dientes y se va consumiendo. Y dije a tus discípulos que lo expulsaran, pero no pudieron.

Marcos 9:20-22 (LBA) Y se lo trajeron. Y cuando el espíritu vio a Jesús, al instante sacudió con violencia al muchacho, y éste, cayendo a tierra, se revolcaba echando espumarajos. [21]Jesús preguntó al padre: ¿Cuánto tiempo hace que le sucede esto? **Y él respondió: Desde su niñez.** ²² Y muchas veces lo ha echado en el fuego y también en el agua para destruirlo. Pero si tú puedes hacer algo, ten misericordia de nosotros y ayúdanos.

Cuando Jesús pregunta al papá del muchacho, desde cuándo le sucedía aquella situación a su hijo; no estaba evidenciando que no lo supiera, sino que era necesario que el papá confesara esa situación para quitarle la autoridad a la potestad que molestaba al muchacho; era como preguntarle en qué faceta del sistema espiritual de las tinieblas estaba para ese momento, lo cual correspondía, por lo que ya había vivido, al nivel de la faceta de atmósfera espiritual.

Fortaleza Espiritual

Continuando con la siguiente faceta, describiré lo que son las fortalezas espirituales, considerando que, lo que empezó como algo atmosférico, pasó a la etapa del clima para que al tener cumplido su proceso, llegue esta faceta:

- ✓ Por definición, es la fortificación de un pensamiento contrario que está formado en la mente. Es el lugar de protección que tiene el enemigo contra otro, donde guarda ideas, planes y proyectos en contra de una persona.

✓ Bíblicamente puedes ver esta definición:

Nahum 2:1 (NRV1990) El destructor subió contra ti. **Guarda la fortaleza**, vigila el camino, fortifica los lomos, refuerza mucho tu poder.

Fortaleza: H4694 metsurá; algo que va encerrado en, terraplén (de sitio), o muralla (de protección), fortificación: baluarte, fortaleza, (ciudad) fortificada, PENTAGONO.

✓ Son patrones de pensamientos.

✓ Hay fortalezas que son literalmente patrones de pensamientos que prevalecieron en las familias y/o fueron adaptados en alguna etapa de la vida, pensamientos cautivos que son fortalezas.

✓ Las fortalezas son una batalla en la mente, son espíritus que se dedican a trabajar en la mentalidad de una persona para que constantemente esté con esa batalla.

- ✓ Un sinónimo de fortaleza puede ser la dureza, potencia, fortificación. La idea es que una persona se endurece para soportar los problemas y las circunstancias en necedad, es como un mecanismo de defensa.

Los resultados de una fortaleza espiritual

- ✓ Una fortaleza espiritual sobre ciertas regiones crean culturas, fortalezas múltiples. Una fortaleza no siempre es de demonios, puede ser también fortaleza mental.

- ✓ Es decir que un establecimiento mental es una fortaleza también.

- ✓ Las fortalezas espirituales son patrones de pensamientos.

- ✓ Como una fortaleza puede ser mental, viene a ser una resistencia que cada quien establece para no responder adecuadamente, que no da lugar a una salida del problema. Cuando se ha endurecido el ánimo de una persona las salidas a los problemas son de forma antibíblica, no acepta soluciones porque está bajo un patrón de pensamientos endurecidos, no está en la disposición de humillarse.

✓ El ánimo endurecido es una fortaleza mental que se opone al conocimiento de Dios y al consejo, aunque conoce la respuesta bíblica se niega a ejercerla.

Hay varias clases de fortalezas demoniacas, pero la más común y más efectiva, es la del pensamiento:

✓ Las fortalezas son patrones negativos de ideas y pensamientos cautivos y negativos a la vez.

✓ Mantiene ideas cíclicas y erradas.

✓ Capaces de usar la imaginación para hacer que veas las cosas que no son, como si lo fueran.

✓ Satanás no tiene el poder para entrar en tus pensamientos, pero puede lanzarte un dardo encendido del cual sabe qué es lo que te provocará porque las tinieblas tienen esquemas de la forma en la que reaccionas ante cada situación, lo cual hace entonces tener la idea de qué estás pensando.

DIFERENTES CLASES DE FORTALEZAS

En la Biblia puedes ver que existen 45 clases de fortalezas espirituales que revelan lo que es el reino de Satanás, por ejemplo:

- ✓ Fortaleza de tinieblas
- ✓ Fortaleza de ignorancia y ceguera espiritual
- ✓ Fortaleza de pecado y de injusticia
- ✓ Fortaleza de enfermedades y debilidades
- ✓ Fortaleza de engaño y dolores
- ✓ Fortaleza de miseria y pobreza
- ✓ Fortaleza de corrupción y mentiras
- ✓ Fortaleza de orgullo y rebelión
- ✓ Fortaleza de traición y división
- ✓ Fortaleza de religiones
- ✓ Fortaleza de ocultismo
- ✓ Fortaleza de dominio mental

Aquí cité 20 fortalezas de las 45 que contiene la Biblia, pero el punto es que, para Satanás tiene importancia que la dinámica de los espíritus anteriores al de fortaleza, completen su trabajo para que las siguientes facetas logren desarrollarse a cabalidad con el propósito, en este caso, de que al poner un pensamiento en la mente de una persona, surja una idea, de hecho en griego, se le conoce a la idea como el hijo del pensamiento.

LOS EFECTOS DE FORTALEZAS MENTALES

Cuando una persona es afectada en la mente con pensamientos negativos constantemente o permanente, significa que su mente ha sido secuestrada por Satanás:

- ✓ Satanás hace que las personas no salgan de ese pensamiento negativo, por eso es una fortaleza; es como los muros de Jericó, nadie podía entrar ni salir porque los muros eran una fortaleza.

- ✓ La mente es redirigida al propósito del maligno.

- ✓ Es llamado también cautividad.

- ✓ La mente tiene la capacidad de dirigir al cuerpo y ordenarle lo que desea hacer con el cuerpo.

✓ Así Satanás se asegura que la persona someta el cuerpo al pensamiento negativo o mente secuestrada.

El Espíritu De La Fortaleza

Donde se establezca una fortaleza mental, en cualquier momento entrará al escenario el espíritu propiamente de la fortaleza; **ese espíritu se pronuncia en arameo #4581 Mauzzim**, y significa espíritu de la fortaleza, protector, espíritu del poder en la fortaleza.

✓ • (también זוֹעָם maúz; ;) o זָעַם maóz.

Daniel 11:38 (BDA) Y honrará, en su lugar, al dios de las fortalezas; honrará con oro, plata, piedras preciosas y joyas a un dios desconocido por sus antepasados.

Daniel 11:38 (SSE) Mas honrará en su lugar al **dios Mauzim**, dios que sus padres no conocieron; lo honrará con oro, y plata, y piedras preciosas, y con cosas de gran precio.

Muzzim es el que guarda y controla el tráfico de esa fortaleza, es un espíritu que tiene las llaves de la fortaleza y sólo lo que él permita, es lo que entrará o saldrá de ahí. Cuando se llega a este nivel, ya no basta sólo con cambiar los pensamientos, sino que, hay que liberar.

2 Corintios 10:4-5 ...porque las armas de nuestra contienda no son carnales, sino poderosas en Dios para la destrucción de fortalezas; ⁵ destruyendo especulaciones y todo razonamiento altivo que se levanta contra el conocimiento de Dios, y poniendo todo pensamiento en cautiverio a la obediencia de Cristo...

2 Corintios 10:4-5 (VMP) (porque las armas de nuestra milicia no son carnales, mas son poderosas en Dios para demoler fortalezas,) ⁵ derribando razonamientos [soberbios], y toda cosa elevada (ALTIVEZ) que se ensalza contra el conocimiento de Dios, y poniendo todo pensamiento en cautiverio a la obediencia de Cristo...

- ✓ Las fortalezas enemigas están basadas en levantarse contra el conocimiento de Dios.

- ✓ Un pensamiento cautivo es un injerto en la mente que provoca una cautividad y cambia la naturaleza del cristiano.

✓ La persona ya no es dueña de su pensamiento sino que, el pensamiento lo gobernara.

El Método De Ataque De Satanás

Como lo describí anteriormente, Satanás sabe cómo llegar a la mente de una persona para atacarla; por eso necesitas comprender el método que utiliza para tratar de derrotarte, encarcelarte y hacerte prisionero de guerra.

2 Corintios 10:3-5 Pues aunque andamos en la carne, no luchamos según la carne; **4** porque las armas de nuestra contienda no son carnales, sino poderosas en Dios para la destrucción de fortalezas; **5** destruyendo especulaciones y todo razonamiento altivo que se levanta contra el conocimiento de Dios, y poniendo todo pensamiento en cautiverio a la obediencia de Cristo…

La Biblia aconseja que necesitas tomar una respuesta espiritual porque tus problemas tienen una raíz y un terreno espiritual, ese terreno es una dimensión sobrenatural, por eso es espiritual.

EL MÉTODO LLAMADO FORTALEZA

Según la Biblia, dice que es como un castillo levantado con la intención de residencia. Un espíritu que controla la mente.

Fortaleza: G3794 ojúroma o ochurōma significa fortificar, mediante la idea de sostener con seguridad; castillo, (figurativamente argumento). Una fortaleza, fortificación, fortaleza, un fuerte o argumento en el que uno confía.

Satanás busca que el creyente viva una vida con dos mentalidades; es una barrera que Satanás levanta en orden que afecte el conocimiento de Dios.

Santiago 1:8 ...siendo hombre de doble ánimo, inestable en todos sus caminos.

Un creyente con doble pensamiento, es un guerrero ineficaz que desconoce quién es verdaderamente su enemigo.

Levantar: es hablar de algo como una pared que se levanta entre 2 conocimientos.

- ✓ El que ya conoces de Dios, por básico que sea.

- ✓ El conocimiento y pensamiento que Satanás intenta que mantengas y que crezca o evolucione negativamente causando más problemas.

La mente esquizofrénica:

Dipsuchos #1374: doble animo. Lleva el significado de una alma dividida o doble alma, es decir: esquizofrénico, doble lenguaje o lengua, o de doble palabra.

- ✓ Una mente dividida opera con dualidad de pensamientos.

- ✓ Es prisionero de guerra en su propia mentalidad.

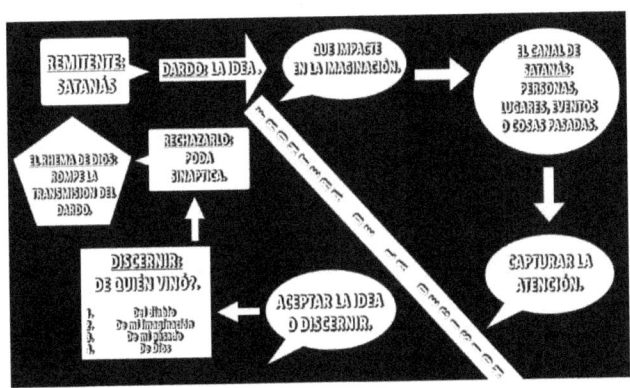

- ✓ **Toda idea** de Satanás es una mentira que pretende ser una verdad en tu mente. Para ello es que debe de ser renovada para que las mentiras del maligno no computen en tu mente.

✓ **Impactar es imprimir** en la mente, la idea o repetir imaginaciones o experiencias pasadas. Satanás trata de activar experiencias pasadas que no han sanado u olvidado en la mente.

✓ **Los canales de Satanás** son personas, lugares, eventos que él pueda asociar a la idea que lanzó; es como un refrescar de tu memoria.

✓ **Capturar la atención** es lo que Satanás intenta y si lo logra, sabe que a conseguido la respuesta que esperaba; el poder de Satanás sólo opera a través de la imaginación y la exageración.

✓ **La frontera de la decisión** es dónde se define cuál será el final de esa idea diabólica, es decir, aceptarla o discernirla para decodificarla para determinar el final del proceso.

✓ **Discernir de quién llegó** te dará la decisión de qué camino tomar porque puede llegar del diablo, de tu imaginación, de tu pasado o en el mejor de los casos, puede llegar de Dios.

- ✓ **Si logras rechazarlo por sináptica**, es el momento cuando aún tienes la oportunidad de desenmascarar las obras de las tinieblas.

- ✓ **El rhema de Dios** rompe la transmisión del diablo y logras tu libertad.

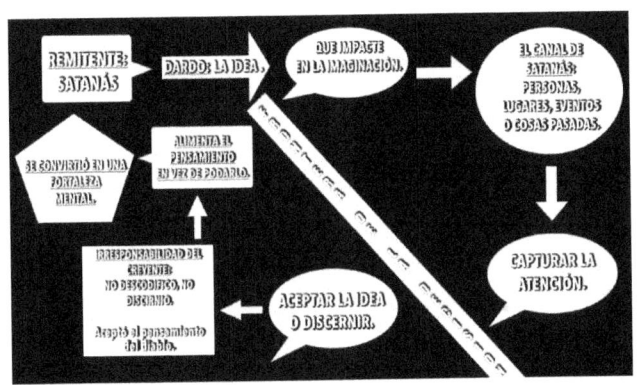

- ✓ La diferencia con el cuadro anterior es que al no discernir adecuadamente, acepta la idea errónea.

- ✓ **La irresponsabilidad del creyente** lo llevará a que acepte el pensamiento del diablo.

- ✓ **Alimenta el pensamiento** en lugar de podarlo.

- ✓ **Se convirtió en una fortaleza mental.**

Los 5 Puntos De Una Fortaleza

1.- Batallas mentales cíclicas

Un pensamiento cautivo nos excusa para decir que no puedes olvidarlo.

Base antibíblica porque en Cristo todo lo puedes; El te fortalece para hacerlo.

El principal problema de un pensamiento cautivo es que no puede olvidar; son batallas cíclicas que no son fáciles de definir, aunque puedo decir lo siguiente:

- ✓ Problemas que en vez de resolverse, empeoran.
- ✓ Un problema que crea otro.
- ✓ Causa y efecto, etc.

Los malos pensamientos

Cuando las batallas del pasado aún producen mucho dolor e insatisfacción y se repiten las conductas, es porque la persona está atrapada en lo que no resolvió del pasado, dándole así lugar a los malos pensamientos, los cuales son:

- ✓ Malos hábitos (gimnasia)

- Malas costumbres
- Mal carácter
- Malas actitudes
- Malas relaciones
- Malas decisiones
- Malos recuerdos

¿Qué dice la lógica humana a este respecto?

- No lo puedo olvidar
- La realidad es: no lo quiere olvidar
- No hay esfuerzo para olvidarlo

Pero eso es antibíblico, porque lo que dice la Biblia es lo siguiente:

Isa 43:18 (R60) No os acordéis de las cosas pasadas, ni traigáis a memoria las cosas antiguas. 19 He aquí que yo hago cosa nueva; pronto saldrá a luz; ¿no la conoceréis? Otra vez abriré camino en el desierto, y ríos en la soledad.

El consejo divino de parte de Dios es que aprendas a trabajar con el pasado en pos de dejarlo precisamente en el pasado, por razones de tu propia salud e integridad; además si son cosas pecaminosas, Dios ya te perdonó, entonces no tiene sentido que las sigas recordando; he aquí entonces la importancia de entender la unción de Manasés:

Génesis 41:51 (BSO) Llamó José al primogénito Manasés, porque dijo: «Dios me hizo olvidar todos mis sufrimientos, y a toda la casa de mi padre».

Romanos 12:2 (CAS) No os amoldéis a los usos y costumbres propios de este mundo; antes bien, procurad que vuestra **mente renovada** opere la transformación de vuestra **personalidad**, para que lleguéis a comprobar lo buena, grata y perfecta que es la voluntad de Dios.

Romanos 12:2 (LBA) Y no os adaptéis a este mundo, sino transformaos mediante la renovación de vuestra mente, para que verifiquéis cuál es la voluntad de Dios: lo que es bueno, aceptable y perfecto.

2. Magnificarlo

Un pensamiento cautivo, hace

más grande el problema.

Es muy diferente que un pensamiento sea real, a que sea verdadero; por eso, para eliminar este segundo punto, lo que debes pensar es en relación al potencial que tienes de parte de Dios porque es verdadero.

- ✓ Un problema que tiene solución, podrías estarlo viendo como algo irreparable.

Por ejemplo:

- ✓ Puedes decir: de esto no saldré, no hay salida, es el fin de todo, etc.

Números 13:32-33 (LBA) Y dieron un mal informe a los hijos de Israel de la tierra que habían reconocido, diciendo: La tierra por la que hemos ido para reconocerla es una tierra que devora a sus habitantes, y toda la gente que vimos en ella son hombres de gran estatura. **33** Vimos allí también a los gigantes (los hijos de Anac son parte de la raza de los gigantes); y a nosotros nos pareció que éramos como langostas; y así parecíamos ante sus ojos.

- ✓ Hay problemas que la gente resuelve de una forma más práctica que otros.

Filipenses 4:8 (BPD) En fin, mis hermanos, todo lo que es verdadero y noble, todo lo que es justo y puro, todo lo que es amable y digno de honra, todo lo que haya de virtuoso y merecedor de alabanza, **debe ser el objeto de sus pensamientos**.

3.- Prejuicios y victimización

Un pensamiento cautivo te hace crear más imágenes negativas.

Una creatividad dañada es peligrosa porque hace crear imágenes en la mente que asegura la fortaleza; se imagina lo peor, juzga de manera errada o negativa, siempre piensa lo que no es real porque lleva la creatividad dañada.

Proverbios 18:11 (LBA) La fortuna del rico *(El pensamiento cautivo)* es su ciudad fortificada, y como muralla alta en su imaginación.

¿Cómo se magnifica un pensamiento de víctima?

✓ **Primero**, la persona es una víctima real de algo o de alguien.

- ✓ **Segundo**, la nutrición de la imaginación y la mentalidad de víctima; cada vez que habla en forma de víctima, alimenta o se retroalimenta la mente.

- ✓ **Tercero**, un espíritu de víctima es adherido a la persona, como el proceso evoluciona pero de forma negativa, entonces le adhieren ese espíritu de víctima porque es un principio bíblico, todo lo que hablas se encarnará.

- ✓ **Cuarto**, un receptor de víctima es colocado en el alma de la persona o el cuerpo; aunque la persona haya sido o no víctima, le activan ese receptor para que lo siga siendo.

- ✓ **Quinto**, un emisor de victimización y siendo víctima, atraerá a otras personas a que caigan en su problema, por ejemplo: la persona que en algun momento fue violada, lleva el emisor de la violación y en cualquier momento violará a otro.

4.- La pseudo imaginación

Un pensamiento cautivo te hace crear memorias o recuerdos falsos.

La imaginación dañada trae como consecuencia la creatividad alterada.

Los recuerdos falsos son parte de la imaginación dañada, no pierde la capacidad de seguir imaginando, pero lo hace de manera negativa; es decir, puede crear recuerdos falsos o pseudo memoria.

Génesis 6:5 (LBA) Y el SEÑOR vio que era mucha la maldad de los hombres en la tierra, y que toda intención de los pensamientos de su corazón era sólo hacer siempre el mal.

La memoria falsa

Estrictamente hablando, una memoria falsa se define como una serie de recuerdos, de detalles o eventos que no ocurrieron o que han sido distorsionados si es que realmente ocurrieron. Es el peligro de ser víctimas de un recuerdo falso que afecta la manera de vivir.

Las investigaciones acerca del recuerdo falso

Algunos investigadores creen que con el tiempo será posible implantar casi cualquier recuerdo falso y las personas infectadas con este virus mental, orientarán su conducta conforme a ese recuerdo. Esto es el peligro de ser víctima de otra persona que tiene un recuerdo falso en contra de tu vida o de otra persona.

La implantación de los recuerdos falsos

¿Es posible hacer que una persona recuerde, algo que nunca le sucedió, algo que nunca vivió?

El dialogismo cambia e inyecta falsa memoria, el dialogismo negativo de cosas que han de manipulado a una persona.

Ejemplo bíblico del dialogismo:

Daniel 4:16 (BNP) Perderá el instinto de hombre y adquirirá instintos de fiera, y pasará en ese estado siete años.

Daniel 4:16 (LBA) 'Sea cambiado su corazón de hombre, y séale dado corazón de bestia, y pasen sobre él siete tiempos.

Daniel 4:16 (NVI) Deja que su mente humana se trastorne y se vuelva como la de un animal, hasta que hayan transcurrido siete años."

Romanos 1:28 (LBA) Y así como ellos no tuvieron a bien reconocer a Dios, Dios los **entregó a una mente depravada**, para que hicieran las cosas que no convienen...

2 Corintios 11:3 (LBA) Pero temo que, así como la serpiente con su astucia engañó a Eva, **vuestras mentes sean desviadas** de la sencillez y pureza de la devoción a Cristo.

Un momento que se presta para este tipo de cosas, es por medio del hipnotismo.

5.- Limitaciones

Un pensamiento cautivo no te permite cambiar tu alma porque está limitada, si el alma no cambia, no prosperará.

Biblioteca De Guerra Espiritual Para Combatientes De Liberación

EQUIPAMIENTO INTEGRAL PARA COMBATIENTES DE LIBERACION
TRANSFERENCIAS
ESPIRITUALES
DR. MARIO H. RIVERA & PASTORA LUZ RIVERA

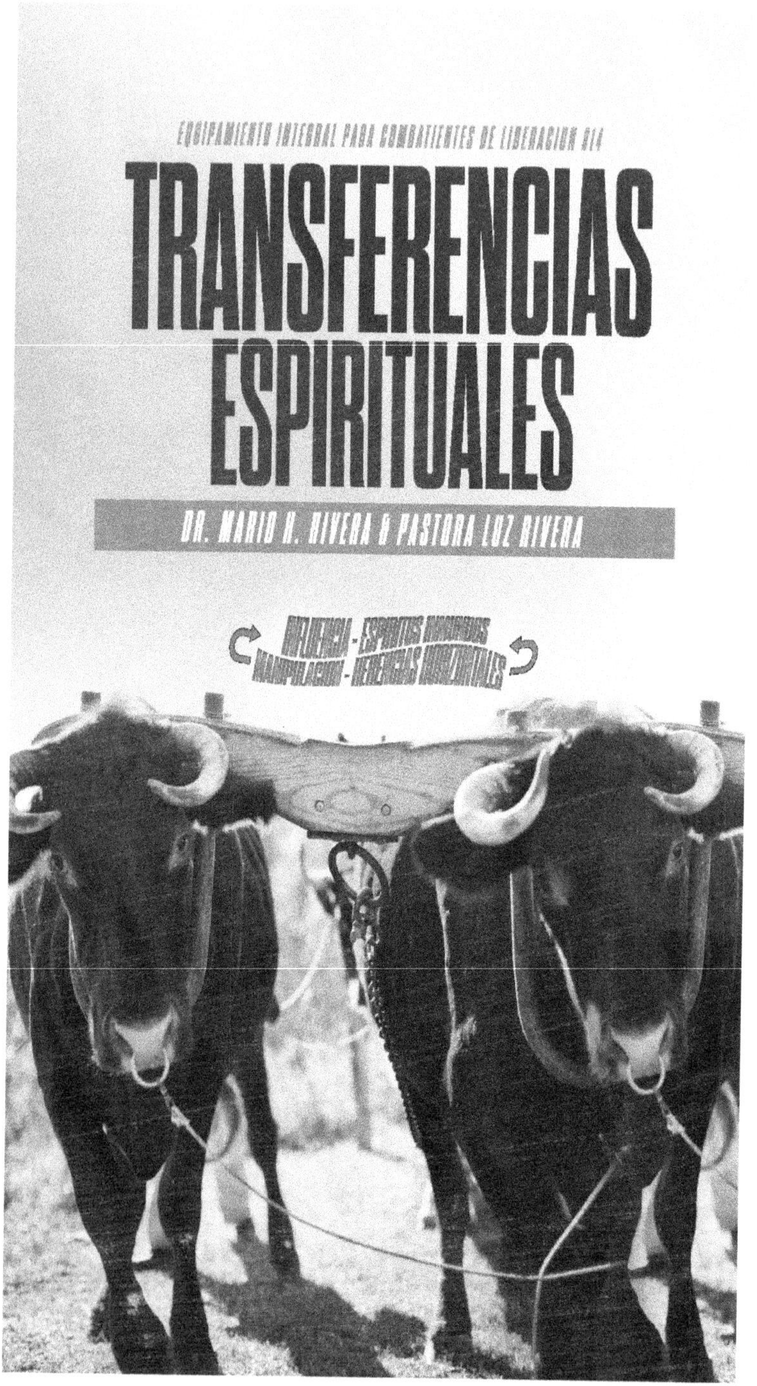

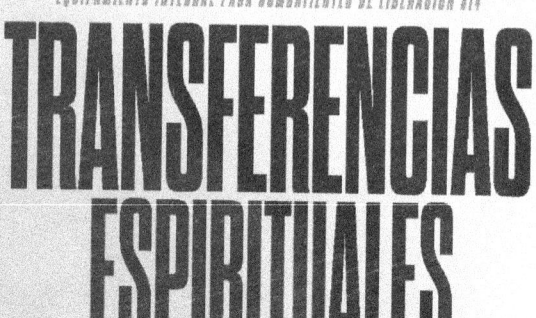

ESCUELA DE INTERCESORES
SEGUNDO NIVEL

DR MARIO H. RIVERA

ESCUELA DE INTERCESORES
PRIMER NIVEL

APOSTOL MARIO H. RIVERA

EL ALFA & LA OMEGA DE LA GUERRA ESPIRITUAL
LA MATRIX DE LAS BATALLAS

DR. MARIO H. & PASTORA LUZ RIVERA

#7 SERIE: EQUIPAMIENTO INTEGRAL PARA COMBATIENTES DE LIBERACION

EL ALMA VIVIENTE
DR. MARIO H. & PASTORA LUZ RIVERA
#6 SERIE EQUIPAMIENTO INTEGRAL PARA COMBATIENTES DE LIBERACIÓN
EL ALMA VIVIENTE
SANIDAD INTERIOR #2
DR. MARIO H. & PASTORA LUZ RIVERA

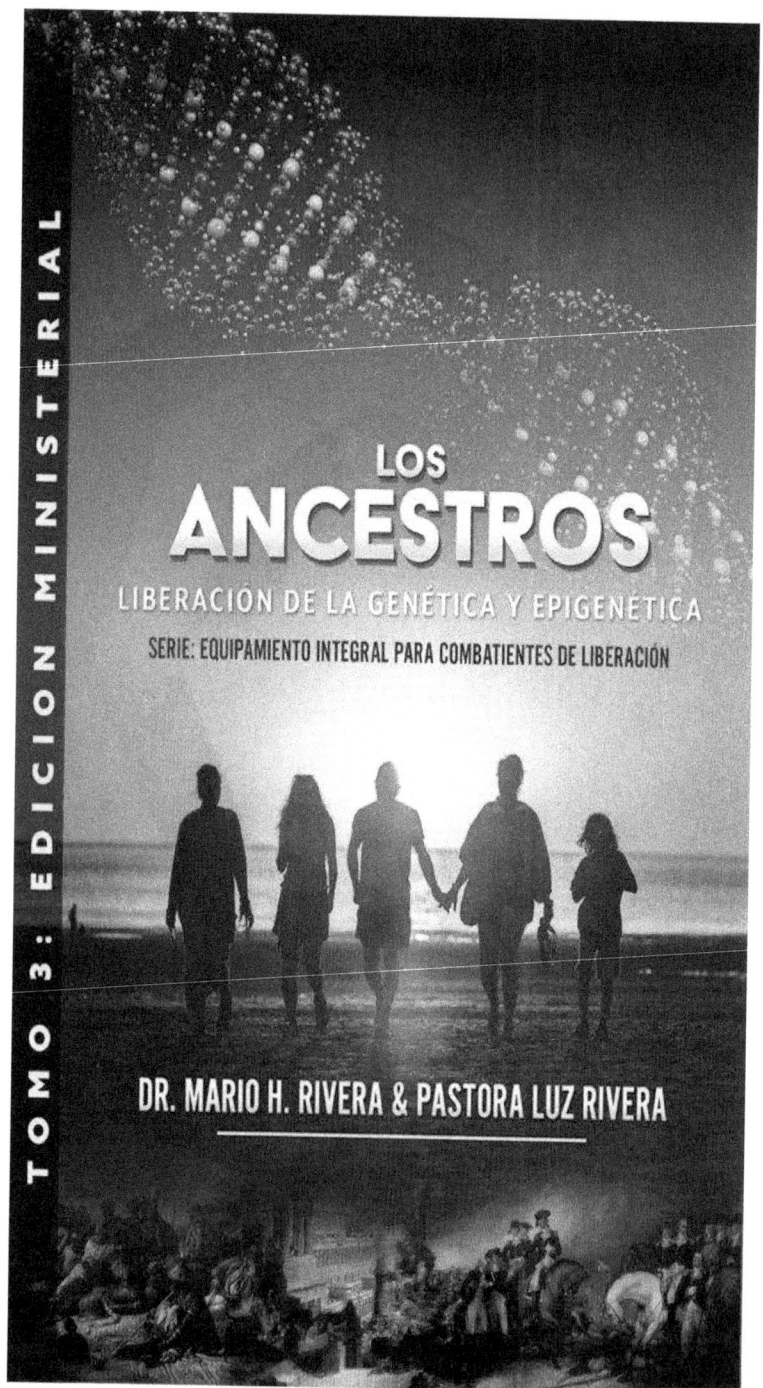

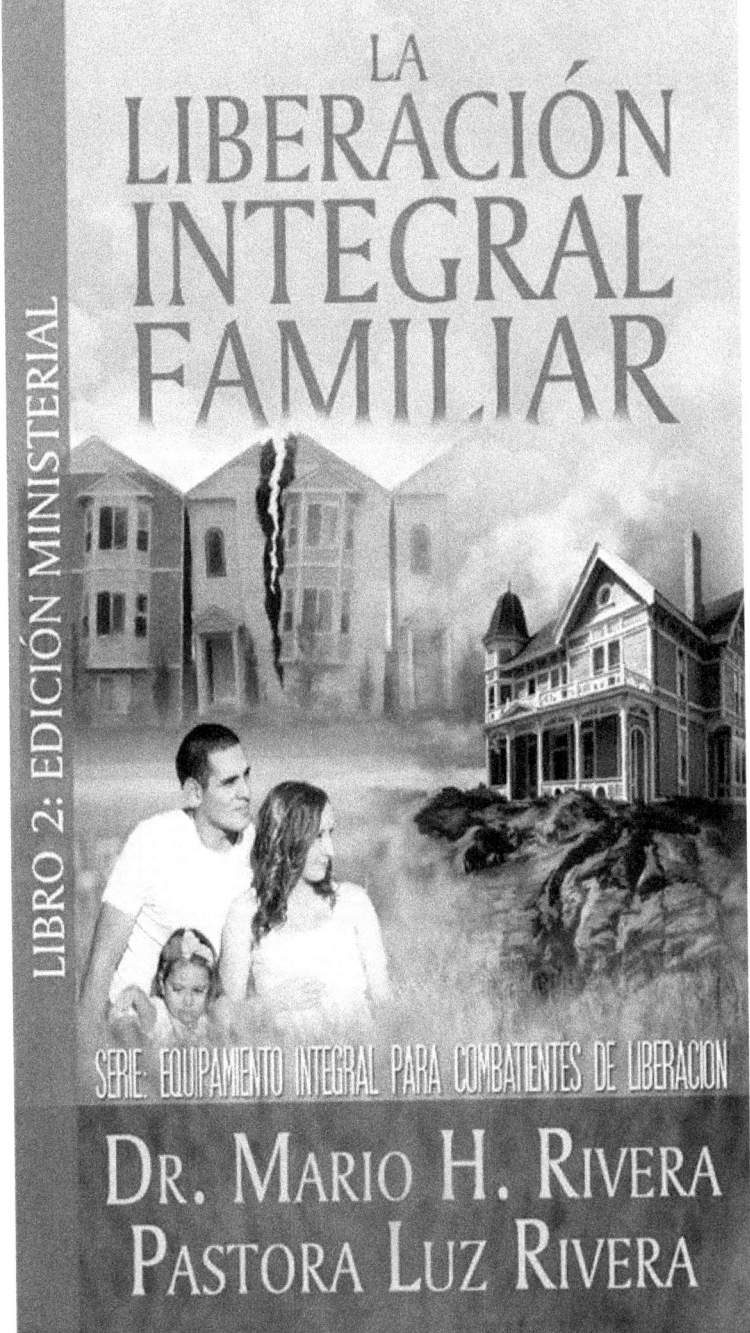

www.ingramcontent.com/pod-product-compliance
Lightning Source LLC
Chambersburg PA
CBHW051039160426
43193CB00010B/1004